Insumansumane Zika-Alice

Insumansumane Zika-Alice

NguLewis Carroll

Imifanekiso idetshwe nguJohn Tenniel

Itolikelwe esiNdebeleni nguDion Nkomo

evertype
2015

Idindwe yiEvertype/*Published by* Evertype, 73 Woodgrove, Ballyfin Road, Portlaoise, Co. Laois, R23 ENP6, Ireland. *www.evertype.com*.

Isihloko sesiNgisi/*Original title: Alice's Adventures in Wonderland*.

Lolu gwalo lutolikiwe ngo-2015 nguDion Nkomo/*This translation* © 2015 Dion Nkomo. Lolu gwalo luhlelwe ngo-2015 nguMichael Everson/*This edition* © 2015 Michael Everson.

Uhlelo lokuqala lwalolugwalo ngoluka-2015/*First edition* 2015.

Inombolo yalolu gwalo iyatholakala kusiphaangwalo se-British Library.
A catalogue record for this book is available from the British Library.

ISBN-10 1-78201-113-7
ISBN-13 978-1-78201-113-2

Amakhasi alolu gwalo ahlelwe ngabeDe Vinne Text, Mona Lisa, ENGRAVERS' ROMAN, labe-*Liberty* nguMichael Everson.
Typeset in De Vinne Text, Mona Lisa, ENGRAVERS' ROMAN, and Liberty by Michael Everson.

Imifanekiso/*Illustrations*: John Tenniel, 1865.
Imifanekiso kumakhasi 73, 77, 81, 123, lo-125/*Illustrations on pages 73, 77, 81, 123, and 125*: Byron W. Sewell, 2015.

Igwaliba lihlelwe nguMichael Everson/*Cover*: Michael Everson.

Ugwalo lucindezelwe yi-LighteningSource/*Printed by* LightningSource.

Isandulelo

Insumansumane Zika-Alice liqoqo lenganekwane eza-bhalwa nguCharles Lutwidge Dodgson ebhala engu-Lewis Carroll, okuligama elisetshenziswa emibhalweni yakhe. OkaDodgson wabhala inganekwane zakhe ezibhalela amantombazana amathathu ayizelamani, enye igama layo ingu-Alice. Lelo qoqo lenganekwane ladindwa okokuqala ngo-1865 anduba libe ngolunye lwengwalo zabantwana ezidume kakhulu emhlabeni wonke jikelele. Selatolikelwa endimini ezinengi kakhulu labuye lahlelwa ukuthi lidlalwe kumabonakude. Lolu gwalo olutolikelwe esiNdebeleni sase-Zimbabwe lungomunye wemizamo yokuqala yokuthi ugwalo lukaDodgson lutholakale endimini zesiNtu ngesikhathi kuthakazelwa ikhulu lamatshumZi amahlanu eminyaka kusukela insumansumane zika-Alice zidindwa ngokokuqala olimini lwesiNgisi.

IsiNdebele saseZimbabwe ngolunye lwendimi zesiNguni, zona zigoqela isiZulu, isiXhosa, isiSwati kanye lesiNdebele saseNingizimu-Afrika. Yilo ulimi olukhulunywa linengi labantu abaseNingizimu laseNtshonalanga yaseZimbabwe, luhlanganisa labantu abakhuluma ezinye indimi ezifana lesi-Kalanga, isiSuthu, isiTonga, isiNambiya kanye lesiVenda.

AmaNdebele alembali ende yesiko lokufundisana lokudlana ingqondo ngomlomo. Lokho kugoqela ukwetha inganekwane, ukuhaya kanye lokulibhana. Ngokunjalo, *Insumansumane Zika-Alice* ziyisengezo kwamanye amaqoqo afana lathi *Abaseguswini leZothamlilo* (elalotshwa nguPhineus Mnkandla, *Sizwe ElikaNtulo* (elikaStephen Mhlabi) lelithi *Isikithi* (elikaJulius Sibanda). U-Alice angafaniswa labanye abalingiswa benganekwane zesiNdebele ezidumileyo abafana loSimemelwane kumbe uBuhlalusebenkosi. Labanye abalingiswa abaphila lo-Alice kulezo nsumansumane zakhe bangaqathaniswa labanye abalingiswa kwezinye inganekwane zesiNdebele, kodwa umahluko uzabakhona njengoba labo balingiswa bephila endaweni ezahlukeneyo.

Insumansumane Zika-Alice zethula u-Alice ehambahamba emhlabeni wakhe wezimanga, ahambe adabule izinkalo aze ayefika kwelamaNdebele esephile iminyaka eminengi. Umsebenzi wokutolika insumansumane lezi, wona ofana lokuhola u-Alice lalezo nsumansumane zakhe, ufuna umtoliki adle amathambo enqondo kodwa awukho lula. Kulithemba elikhulu lomtoliki ukuthi umsebenzi lo wenziwe ngendlela eyimpumelelo ezakwenza ukuthi abantwana abakhuluma isiNdebele bazifinyelele lezi nganekwane lokuthi zifeze injongo yomethi wazo. Umzamo bekuyikuthi iqoqo lensumansumane zika-Alice lifane lezinye inganekwane zalezi insuku njengalezo ezilandiswa ngabalobi besiNdebele abadumileyo abafana loNdabezinhle Sigogo kanye loBernard Dima Ndlovu bona abathe befulathela umhlaba basitshiyela ilifa eligoqela inganekwane ezibhaliweyo njengezisengwalweni ezithi *UMvundla uqila uNdlovu* kumbe *Udubo lukaMvubu*. Loba inganekwane lezo zihambisana lezikhathi zamanje, zisaqhubeka ngenjongo ezimqoka zasendulo zona eziyikufundisa ngasikhathi sinye zithokozisa.

Umahluko phakathi komphakathi wamaNgisi lamaNdebele ngokolimi, inhlalo lamasiko wenza kube nzima ukuthi amaqoqo ensumansumane zika-Alice esiNgisini lesi-Ndebeleni afane xathu. Isibonelo salokho yikuthi umtoliki uzamile ukuthi insumansumane zika-Alice zimangalise okuyindlela yokukhanga abantwana ukuthi bazithakazelele, okuvezwa layizihloko zezahluko ezifana lezithi :Umbhedo wedili letiye" ("A Mad Tea-Party" ngesiNgisi), ukudlala ngamagama, kanye lempikiswano ezingaqondakaliyo. Lanxa kunjalo, kunzima ukuthi amaqoqo endimi ezimbili abe lempumela ezifanayo ngaso sonke isikhathi. Umzamo omkhulu bekuyikuthi injongo emqoka yenganekwane yinye nganye ifezeke, loba lokho kungabe kufezwe ngokuguquguqula lezo nganekwane ukwenzela ukuthi amaNdebele azithakazelele. Obunye ubuciko obusetshenzisiweyo kuleli qoqo lesiNdeble yikusetshenziswa kwezenzukuthi, khona okupha imifanekiso yengqondo mayelana lezehlakalo ngendlela engavamanga esiNgisini.

Ukuphathwa kwamagama abalingiswa lawezindawo kupha esinye isibonelo sobunzima obubhekana lomtoliki. Ake sithi fahlafahla ngamagama abalingiswa kuqala. Sizasebenzisa igama lika-Alice njengomlingiswa omqoka kuzo zonke inganekwane. Igama lakhe alizange liguqulwe ngoba yilo eliyinsika yobudlelwano phakathi kwamaqoqo atolikelwe kwezinye indimi lelesiNgisi. Ngaphandle kwalokho, igama leli selingelinye lamagama esiNgisi asejayelekile phakathi kwamaNdebele. U-Alice seyintombazana yesintwini, ukhuluma isiNdebele njengolimi lwakhe lomdabu. Yikho phela edideka kakhulu lapho esesikiliza kuleli qoqo. KwelesiNgisi u-Alice ukhuluma isiNgisi lemuli yakhe, akhulume lesi-Frentshi sona asifunda esikolo, kodwa u-Alice wethu ufunda isiNgisi, isiFrentshi lezinye indimi esikolo njengenengi labantwana abakhulela koBulawayo lakweminye imikhono yako-Mthwakazi.

Bekungalula kangako ke ukwetha abanye abalingiswa amagama ngoba phela bekuqakathekile ukuthi umtoliki azwisise indlela lowo mlingiswa aziphatha ngayo engakagcini kumbe engakaliguquli igama lakhe. Isibonelo esihle kulapho esiNgisini kukhulunywa ngoMvundla kaMbimbitho ngoba kusaziwa ukuthi imivundla izalana kakhulu ngaleso sikhathi. EsiNdebeleni akulanto emangalisayo ngalokho. Inganekwane zesiNdebele ziqakathekisa ukuthi uMvundla othile usendaweni enjani. Usezidakeni kumbe ezibomvini? UMvundla Wezibomvini uyaziwa phela ngokutshaya abazingeli kanye lezinja zabo ngothuli yena esedliwe ngamahlathi. Ngokufanayo, enganekwaneni kaGongwemanga kulesidalwa esilezitho ezifana lezokhozi lezinye ezifana lezesilwane. Asazakali esiNdebeleni isidalwa esinjalo kanti legama laso lesiNgisi (Gryphon) alijayelekanga. Umtoliki ukhande igama elithi *uSilwanekhozi* elandela izitho zaleso sinanakazana esithi siyisilwane sibuye sifane lokhozi.

EsiNdebeleni abalingiswa benganekwane ngabantu kanye lezinye izinanakazana laloba bonke labo balingiswa bephila njengabantu. Ngabaseguswini lezothamlilo. Lanxa besenza sabantu, abalingiswa abayizinanakazana bayaqhubeka belezitho zezinanakazana ezenza kucace ukuthi abasibo bantu kodwa ngabaseguswini. Kuyatholakala njalo abalingiswa abangabantu kodwa abake babe lezitho kumbe benze lezimanga ezingajayelekanga ebantwini njengokuncipha lokukhula kuka-Alice. Lokho kuyafana lezehlakalo zika-Simemelwane, umfana oye akhulelwe abuye azale umntwana ngemva kokuba engalalenga unina. Ngaphandle kwakho konke lokhu, inganekwane zonke zisebenzisa ukwenzasamuntu ekudaleni abalingiswa. Yikho sisithi uMpisi hatshi impisi. Kuyafana lalapha ensumansumeni zika-Alice, bonke abalingiswa bavele babe ngabantu ngesikhathi nje beqala ukuhlangana labantu kumbe bevula umlomo beqala ukukhuluma.

Akulula ukutsho ngempela ukuthi insumansumane zenganekwane zesiNdebele zenzeka kuliphi ilizwe kumbe kusiphi isigaba. Njengensumansumane ngokwazo, indawo zenganekwane lazo ziyisimanga. Phela kukholelwa ukuthi izehlakalo zenganekwane zenzeka emphakathini owandulela leso sizwe esisungula inganekwane, ngakho kuba nzima ukuthi umphakathi wamanje uzwisise zonke lezo zehlakalo ngokupheleleyo. Kufanele sizikholwe ukuze sifunde kuzo lezo zimanga. Nanko phela nxa ziqalwa inganekwane sitshelwa ukuthi emhlabeni wemandulo *amatshe esancwebeka* kumbe *amabhiza eseselempondo!* Kuyatshiwo njalo ukuthi *kuthiwa kwakukhona* kumbe *kwakukhona*, okutsho ukuthi ayisizo zonke izehlakalo zenganekwane ezingenzeka lamhlanje. Umfundi wensumansumane zika-Alice kufanele akholwe ukuthi u-Alice laye waphila emaNdebeleni ngesikhathi saboSimemelwane lamazimu hatshi eNgilandi. Lanxa kunjalo, njengoba uMangoye otshabalala phambi kobuso buka-Alice kuthiwa ngowase*Cheshire* abantwana abanengi esiNdebeleni abangayaziyo, kulula ukuthi kuthiwe ngowaseHarare, kuthiwe lezinye izinto ngezaseLandani kumbe eGoli, okumqoka kuyikuthi umfundi kasoze azibone koBulawayo kumbe eMatopo.

Ukutolika insumansumane zika-Alice bekumnandi ngempela. Phela bekuphoqelela ukuthi umtoliki azifunde ngonanzelelo, azame kakhulu ukuzizwisisa lokuzikholisa. Yile kuphela indlela eyenze ukuthi anelise ukuzilanda kakutsha ngesiNdebele kulolu gwalo. Lokho bekungelula. Bekufuna ubuciko ukwenzela ukuthi indikimba lobunandi obufunyanwa eqoqweni lesiNgisi bungatshabali esiNdebeleni. Ngenxa yokuthi indimi, inhlalo lamasiko amaNgisi lamaNdebele kungafanani, bekunzima lokuthi insumansumane ziphume zifana engwalweni zombili. Bekuqakathekile ke ukuthi umtoliki azame ukuthi lapho okulahleka khona okuthile engeze ngokunye ukwenzela ukuthi kube khona okunye okuzakholiswa ngabafundi benganekwane zika-Alice ngesiNdebele. Siyathemba kuzabanjalo, kanti njalo kulithemba elikhulu ukuthi lumsebenzi uvule amasango okutolikelwa esiNdebeleni kwezinye ingwalo zabantwana ezimnandi zisuswa kwezinye indimi. Ngaleyo ndlela lungakhula ulimi lwesiNdebele, lokubala kube ligugu ebantwaneni bakithi.

nguDion Nkomo

Grahamstown 2015

Foreword

Insumansumane Zika-Alice is the first translation of *Alice's Adventures in Wonderland* into the Ndebele language of Zimbabwe. Alice's tales were written by Charles Lutwidge Dodgson, under his pen name Lewis Carroll for three little sisters, one of whom was named Alice. The tales were first published in 1865 and have become one of the leading classics in children's literature. They have been translated into numerous languages and adapted for television. The present translation into Ndebele is one of the first efforts to have the text in African languages as part of the celebrations of the 150th anniversary of the publication of the original text.

Zimbabwean Ndebele or *isiNdebele*, as it is called by the language speakers, is one of the Nguni languages, together with (isi)Zulu, (isi)Xhosa, (si)Swati, and South African (isi)Ndebele, which are mainly spoken in South Africa. It is spoken as a lingua franca in the South-Western parts of the country alongside other indigenous languages such as Kalanga, Sotho, Tonga, Nambiya, and Venda. The language also has a great tradition of oral literature, which includes story-telling, praise poetry and riddles. *Insumansumane Zika-*

Alice becomes an addition to the published collections of folk-tales such as *AbaseGuswini leZothamlilo* (Phineas Mnkandla 1974), *Sizwe ElikaNtulo* (Stephen Mhlabi 2000) and *Isikithi* (Julius Sibanda 1997). Therefore, Alice may be likened to other popular Ndebele folktale characters such as *uSimeme-lwane* and *uBuhlalusebenkosi*. Some parallels may also be drawn between other characters in *Insumansumane Zika-Alice* and other Ndebele collections. However, cultural differences are naturally expected because of different settings.

Insumansumane Zika-Alice represents Alice's wanderings in her wonderous world across space (since the tales were originally set in England for an English audience) and time (since the tales are retold in Ndebele a century and a half later). For me, ushering Alice home with her wonders was both an extremely fascinating and yet challenging experience. The hope is that the challenges have been handled with a considerable measure of success such that the Ndebele reader can, at least for now, get the best of the fascinations with minimum challenges. Every effort has been made to ensure that *Insumansumane Zika-Alice* becomes one of the modern folktale titles such as *UMvundla uqila uNdlovu* (The Hare Outwits the Elephant) and *Udubo lukaMvubu* (The Hypo's Troubles) by the departed Ndebele literary giants Ndabezinhle Sigogo and Bernard Dima Ndlovu. Although such folktales respond to the modern environment of science and technology, education and entertainment (edutainment) continue to prevail as the most fundamental aspects of story-telling.

The cultural and linguistic differences between the source language text (*Alice's Adventures in Wonderland*) and the target language text (*Insumansumane Zika-Alice*) make total equivalence unattainable. For example, I tried to pre-serve the surreal nature of the stories, captured through titles that may captivate the interest of young readers, such as

"Umbhedo wedili letiye" ("A Mad Tea-Party"), word-play and, quite often, nonsensical conversations. However, the effect of such story-telling devices would not be achieved at the exact equivalent moments across the texts. The idea was to maintain the general mood of each tale, but within one tale, some original effects would be lost in the Ndebele text while I would creatively captivate the interest of the Ndebele reader in a manner that would have been impossible in the original English text. The use of ideophones is a good example of the translation gains throughout the Ndebele translation.

Another important highlight of the translation process pertains to the handling of proper names. This includes both personal and place names. As the protagonist, Alice is obviously the most important character in the text. Her name could not be tempered with as it remains the link between the original text and many translations into different languages. Furthermore, the name Alice is now just one of the many English names that are given to Ndebele children. Alice is therefore a modern *uBuhlalusebenkosi*, a Ndebele girl, a mother-tongue speaker of the language! Hence she freaks out when she cannot speak Ndebele appropriately. Whereas the original Alice speaks English as mother-tongue and a bit of French which she learns at school, the Ndebele Alice learns English, French, and the other languages at school, just like other Ndebele children.

However, the naming of other characters needed great care to ensure that the names resonate with the behaviour of the characters. For instance, if *March Hare* were to be directly translated into Ndebele, it would give us *uMvundla kaMbimbitho*. Yet in the Ndebele lore, there is nothing peculiar about hares' behavioural tendencies in March. Rather, Ndebele folktales tend to characterise 'hare' characters according to their habitus, two well-known famous (notorious) hares being *uMvundla Wezidaka* (the hare of clay areas) and *uMvundla Wezibomvini* (the hare of the dusty areas). What is interesting about the latter is that when hunters and their dogs chase it in hot pursuit, they normally see brown dust and end up losing the "race". Because of that brown dust, the hare is supposedly brown in colour. Hence the use of the *uMvundla Wezibomvini* for the character in this tale. Similarly, an appropriate Ndebele name had to be found for the Gryphon. Because the Gryphon is a mythical character that has features of both a lion and an eagle, a complex proper noun *uSilwanekhozi* (Engle-Lion) was created.

In the Ndebele story-telling tradition, stories are developed around human and non-human characters interacting as if they were all human. This is despite the fact that non-human characters maintain their biological features that make them belong under a particular type of species. Of course, there are humans who would strangely change their features and sizes just like Alice. That is actually the case with *uSimemelwane*, a boy who gets pregnant and gives birth to a baby. Despite all this, most, if not all, characters are personified. Accordingly, the *u-* is used to prefex the names of all characters, putting them into the class 1a of the Ndebele noun-class system. This would result in the use of the personal pronouns *he* and *she* (instead of *it*) as well as the possessive prefixes *his* and *her* (instead of *its*). In *Insumansumane Zika-Alice*, all non-human characters become human the moment they start interacting with, or behaving like, humans, that is, by speaking.

With regards to place setting, Ndebele folktales do not seem to have a very specific setting. Actually, the places are mythical. The assumption is that the tales are set in an ancient Ndebele community which, however, the contemporary audience cannot fully identify with because of its distant (and even unknown) past. Wonders will have to be accepted in a Ndebele folktale as part of that ancient Ndebele world, i.e. *amatshe esancwebeka* (when stones were so tender that they could be pinched) or *amabhiza eseselempondo* (when horses had horns)! The Ndebele folktale would begin through *Kuthiwa kwakukhona* ('It is believed there once existed') or *Kwakukhona* ('There once existed'), as the English tales goes "Once upon a time". In the case of *Insumansumane Zika-Alice*, the reader should also be made to believe that Alice lived in that ancient Ndebele world and not in England. However, there is no harm in foreignising the Cheshire-Cat as *uMangoye waseHarare*. The point is that this is an unusual cat and therefore it is not a Ndebele one. Since it was the place of origin that was used to identify this cat, I follow suit and use a more familiar place name (Harare instead of Cheshire).

Translating *Alice's Adventures in Wonderland* into Ndebele was an exciting experience. Firstly, I had to read closely, try to understand and appreciate them. That way, I was able to retell the tales in the target language. However, it is not as simple as that, some creativity was required so that I could recreate the tales without sacrificing much of the flare in the original. Given that loss was going to be inevitable, given the linguistic and cultural disparities between the two languages, I had to compensate for that loss by using the target language creatively in order to achieve cultural context adaptation that may enable the tale to be enjoyed by the target audience. Indeed, I hope *Insumansumane Zika-Alice* will be enjoyed just like other Ndebele children's books. At the same time, I hope that this translation will set the precedence of translating other children's classics into the language. Not only will this enrich the Ndebele language, but it will also cultivate the reading culture among Ndebele children.

Dion Nkomo

Grahamstown 2015

Insumansumane Zika-Alice

OKUMUNYETHWEYO

Emin' enkanyazel' okwegolide,
Sitshelela kamnandi sisiya phambili,
Sigodl' amaphini ngazo zombili singesimagabazi
Siwagodle ngengadlwan' ezincane
Lezandlan' ezincane zilingis' okungelampumelelo
Ukuzikhomb' indlela yohambo lwethu.

Hawu, ulunya lwenu buthathu benu emini angaka,
Umkhath' umuhle ungumangaliso,
Lith' angilandis' indaba ngingaselaphika
Ngitsho lelokuphephetha usiba kodwa lokhu!
Lingayikholwa kanjani na,
Ngimunye lina labathathu?

Izwi lokuqala liyalawula:
"Qala khona manje!"
Izwi lesibili lincenga liduduza:
"Silandisele sizaziphatha kahle."
Elesithathu ngelesihlakaniphi,
Siziphathe kahle uze uphethe.

Baphange bathule cwaka,
Konke sebekubona ngelihlo lengqondo,
Njengasemaphutsheni babon' ingane' idabula umhlaba
Umhlaba wezimanga ezingakaze zibonwe,
Ixoxa lenyoni, ixoxa lezinyamazanyana,
Abanye baze bakholwe ukuthi liqiniso.

Ngemva kwethutshana,
Kusiya kusehla lokuvutha kwendaba,
Imithombo yoluju lwayo isiya isitsha,
Umlandi wendaba sengath' uyakhathala,
Kucace lokuba sefun' ukuyiphetha:
"Bakwethu, okwanamhla siyayiphetha lapha!"
Sizaqhubeka ngayo ngethub' elizayo:
"Ngempela ngelizayo!"
Avume ngokusuthiseka amazw' abalaleli.

Yakhula-ke indaba yezwe leNsumansune,
Kancane kancane zendlalek'izehlakalo
Isahluko sinye sikhokhela kwesinye,
Indaba yaya emaphethelweni.
Sabhekisa amabombo emakhaya njengomthimba sijabule,
Kuhle kwelanga selibuyela kunina.

Alice! Kawuze layo indaba yabantwana,
Uyiphathe ngezandl' ezilesineke,
Uyethulele enkundleni yabantwana
Lapho kwendlalwe izimanga zobuntwana,
Zigqiz' umqhele wezimbali
Eziquntwe ezivandeni zamazw' akude.

Emlindini kaMvundla

U-Alice wayesaqala ukudinwa yikuhlala eceleni likadadewabo ekhunjini, behleli nje kungelanto abayenzayo. Wayeseke waphendlaphendla ugwalo olwalufundwa ngudadewabo. Lwalungela mifanekiso kumbe ingxoxo phakathi. "Pho yini ejabulisayo ngalelibhuku," watsho ecabanga u-Alice, "elingela mifanekiso kumbe ingxoxo?"

Ngakho-ke wayesabalisa engqondweni yakhe (lakho kuyikuphongukwenza nje, nanko phela ilanga elalitshisa lalimenza azizwe elobuthongo njalo emdambiyana), ukuthi mhlawumbe ukwenza ubuhlalu ngamaluba kwakungamchithela isizungu. Wavuka wayoqunta amaluba, lapho ke okwathi khona thutshu umvundla omhlophe olamehlo abomvu ugijima duzane laye.

Kwakungelanto emangalisayo kukho konke lokhu; kanti njalo u-Alice kazange akutshaye indiva ukuzwa uMvundla ekhuluma yedwa esithi, "Awu bakithi! Awu bakithi! Ngizaphuza kakhulu!" (kodwa wathi esecabangisisa ngemva kwesikhathi, wananzelela ukuthi kwakufanele kumangalise, loba nje ngaleso sikhathi konke lokho kwasekungathi

7

kuyimvama); kodwa ngesikhathi uMvundla *ekhupha iwatshi esambeni sejazi lakhe*, abuye ayikhangele, aphinde aqhubeke ahaluzela, u-Alice waphakama wama ngenyawo, ngoba kwathi dlwe engqondweni yakhe ukuthi wayengazange wabona umvundla olejazi, kumbe iwatshi eyikhupha esambeni salelojazi, ngakho wasetshiseka ngokufuna ukwazi. Wagijima edabula inkundla emlandela, njalo konke lokho wakwenza ngesikhathi esenzela ukuthi anelise ukumbona uMvundla esithi ntshobe emlindini omkhulu ngaphansi kothango.

Ngomzuzwana nje walandela u-Alice, engazange azihluphe ecabanga ukuthi wayezaphuma kanjani.

Umlindi kaMvundla wawutsholobela uqonde nta okomango, khilikithi ngokucwayiza kwelihlo ube usutshona,

utshona nje engazange wathola lesikhathi sokuthi azibambe
ame ukuze angaweli emgodini otshonayo.

Kungenzeka ukuthi umgodi wawutshona kakhulu, kumbe
ukuthi wawela kancane kancane, ngoba kwamthatha
isikhathi eside esehla okwenza akhangelisise emaceleni akhe,
waze wamangala ukuthi kuyini okwasekuzalandela. Okoku-
qala, wazama lokuthi akhangele phansi ukuze aqondisise
ukuthi ukuthi wayezawela ngaphi, kodwa kwakumnyama
tshu ukuthi abone; wasekhangela emaceleni omgodi, wana-
nzelela ukuthi kwakulamakhabothi lamathala amabhuku:
lapha lalapha wabona amamephu lemifanekiso elengiswe
ezikhonkwaneni. Wathatha igabha kwelinye lamatafula
ngesikhathi edlula esiya phansi: lalibhalwe "IJEMU
YEMAMALEDI", kodwa okwamdanisa kakhulu yikuthi
lalingelalutho: kazange afune ukuliwisela phansi lelogabha,
funa abulale omunye umuntu, ngakho waliphosela kwenye
yamakhabothi awedlula ngesikhathi esiwa esiya phansi.

"Aha!" wakhulumela enhliziyweni u-Alice. "Ngemva
kokuwa okunje, akufanelanga ngibuye ngesabe ukuwa
emaleleni okwehla lokuqansa endlini! Bonke ekhaya bazaca-
banga ukuthi ngilesibindi kakhulu! Ngizabe ngibatshelelani?
Angingeke ngiyithi vu ngaze ngiwe ngisuka ephahleni
lwendlu!" (Lokho kwakungenzeka loba nini.)

Wehla watsholobela njalonje. Kambe kwakuzaphela na
lokho kuwa? "Angisakwazi ukuthi sengitsholobele okwama-
khilomitha amangaki manje?" watsho ephumisela. "Kufanele
ukuthi sengibanga enzikini yomhlaba. Kahle: ngiyabona
sekuyizigidigidi zamakhilomitha ukusuka phezulu—" (qa-
phela, phela u-Alice wayefunde izinto ezinengi ezifana lalezi
ezifundweni zakhe esikolo, loba nje kwakungayisiso sikhathi
esihle sokuziqhenya ngolwazi lwakhe, nanku phela kwaku-
ngela muntu owayezamlalela, kodwa kwakukuhle uku-
khumbula izifundo zakhe) "—yebo, sekungumango umude
sibili—kodwa angiqedisisi ukuba sengitshone ngatsholobela

kangakanani?" (Amagama aphathelane lomango woku-
tshona lokutsholobela wayengawazi ukuthi atshoni, kodwa
ayejulile futhi engamazwi abantu abaqeqetshileyo.)
Waseqhubeka njalo. "Angazi mhlawumbe ngizakuwa ngize
ngiyephutsha ngale kommhlaba! Kungaba kuhle kanga-
kanani ukuthi ngiyethutshela phakathi kwabantu abama
bahambe ngamakhanda! Inyawo zenyoka, ngiyazisa—"
(wakujabulela ukuthi kwakungekho muntu omlaleleyo
ngalelothuba, phela ayekukhuluma kwakungezwakali)
"—kodwa kuzafanela ngibabuze igama lalelo lizwe, uyabona
ke. Uxolo Nkosikazi, kungabe kuseMelika kumbe eNgi-
landi?" (wazama ukuzithoba lapho ekhuluma—ukuzithoba
okumangalisayo usehla emoyeni! Ungakwanelisa?) "Kambe
uzacabanga ukuthi ngiyisiwula bani sentombazana
ngokubuza lokho! Cha bo, ngeke kwenzeke ukuthi ngibuze:
mhlawumbe ngizabona kubhaliwe kwenye indawo."
    Wehla watsholobela njalo. Bekungasekho okunye angakwe-
nza, ngakho u-Alice waphanga waqala ukukhuluma njalo.
"UKitty uzangikhumbula kakhulu lamhlanje, ngicabanga
ukuthi kufanele kube njalo!" (UKitty lo phela wayengu-
mangoye.) "Ngithemba bazakhumbula umkolo wochago
lwakhe ngesikhathi setiye. UKitty, awu bakithi! Ngifisa
ukuthi ngabe ulapha phansi kwami! Akula magundwane
emoyeni, ngilusizi, kodwa ungazibambela umalulwane, futhi
uyafana xathu legundwane, awuboni-ke. Kodwa omangoye
bayabadla yini omalulwane? Asazi!" Lapho ke u-Alice waqala
ukufikelwa yibuthongo, waqhubeka ekhuluma yedwa,
engathi uphakathi kwephupho, "Omangoye bayadla
omalulwane kanje? Omangoye bayadla omalulwane kanje?"
ake acabange njalo, "Kambe omalulwane bayadla oma-
ngoye?" phela njengoba wayengakwazi ukuphendula yomibili
imibuzo le, kwakungasaqakathekanga ukuthi uyibuza
kanjani. Wezwa ke manje ukuthi wayesewozela, kanti njalo
wayeseqalile ukuphupha ehamba loKitty, ekhuluma laye

ngelipholileyo esithi, "Manje Kitty, ake ungitshele iqiniso: sewake wadla umalulwane?" Kusenjalo, folokohlo! Watsho ewela phezu kwamahlahla omileyo! Wayesewe waphutsha wafika phansi.

U-Alice kazange alimale lakancane, weqa wama mpo ngezinyawo ngomzuzwana: wakhangela phezulu, kodwa konke kwakumnyama ngaphezu kwakhe. Phambi kwakhe kwakulomunye umkoto omude, njalo uMvundla omhlophe wayesabonakala, ehaluzela esehla ngawo. Kwakungasela sikhathi sokumotshwa! U-Alice wasuka ngesivuvu somoya, watsho ezithende zikaMvundla ngesikhathi ejika ejikweni. Wamuzwa esithi, "Hawu bakithi, ndlebe lentshebe zami, sengathi sekuyahlwa nje!" Wayeseduze ngemva kwakhe lapho ethatha ijiko, kodwa uMvundla wayengasabonakali. Yena wazibona eseseholu ende kodwa ephansi kakhulu, ikhanyiswe ngumdadada wezibane ezazilenga ephahleni.

Kwakuleminyango ngakumagumbi onke eholu, kodwa wonke ayekhiyiwe. Ngakho kwathi ngemva kokuba u-Alice esehle ngaleli icele wabuye wenyuka ngeleliya, exukuxa yonke iminyango ezama ukuyivula, wahambahamba phakathi laphakathi kweholu edanile, edidekile njalo ukuthi wayezaphuma kanjani.

Ngokuphazima kwelihlo wabona phambi kwakhe itafula encinyane elenyawo ezintathu, eyenziwe ngegilazi elilohlonzi. Kwakungela lutho phezu kwayo ngaphandle kwekhiye encinyane eyenziwe ngegolide. Umcabango wokuqala ku-Alice kwakuyikuthi leyo khiye yayingeyokuvula eminye yeminyango yeholu, kodwa phinde! Kweminye iminyango yayincane kakhulu kweminye ibenkulu kakhulu, ngakho yayingasoze ivule ngitsho lowodwa wakhona. Laloba kwaba-njalo, waya wabona ikhetheni ayengazange alinanzelele kuqala. Ngemva kwalo kwakulomnyango omncane njalo omfitshane ukuya phezulu, wazama ukuwuvula ngekhiye yegolide, wajabula wafa lapho ikhiye isithi khoxo esikhaleni sayo!

U-Alice wavula umnyango wasethola ukuthi wawumusa emkotweni omncane, ongamkhulu okuya ngaphi, umfitshane kulomlindi wegundwane. Waguqa walunguza emkotweni wasebona isivande esihle okwamagama. Wafisa kakhulu ukuphuma eholu emnyama, lokuthi ayezulazula ehamba phakathi laphakathi kwemibheda yamaluba aqhakazileyo kanye lemithombo eqandelelayo, kodwa wayengenelisi lokuthi angenise ikhanda lakhe kulowomkoto; "Futhi lanxa ikhanda lami lingangena," watsho ecabanga u-Alice wenkosi, "akusoze kungincede njengoba amahlombe wona ezasala emuva. Hawu, ngaze ngafisa ukuthi ngabe ngiyancipha! Mhlawumbe ngingenelisa, kodwa ngiyafisa ukwazi ukuthi ngiqalise njani." Phela, njengoba ubona, minengi imigoqo esanda kuvuleka, okwenza u-Alice aqale ukucabanga ukuthi zimbalwa kakhulu izinto ezingeke zenzeke.

Kwaba sobala ukuthi kwakungancedi ukuma kulowo mnyango omncinyane. Ngakho wabuyela etafuleni, elenhlansana yethemba lokukuthi angathola enye ikhiye, kumbe ugwalo olupha amaqhinga okuthi abantu bazinciphise. Ngaleli thuba wafica imbodlela enciyane phezu kwetafula, ("Ngiyaqiniseka ukuthi kade ingekho ekuqaleni," kwatsho u-Alice), entanyeni yaleyo mbodlela kwakulephepha, lalilamagama athi "NATHA MINA" ebhalwe kakuhle ngamabala amakhulu.

Kwakulula kakhulu ukuthi "Natha mina", kodwa ngokuhlakanipha, u-Alice wayengasoze amane ankunkuluze nje. "Cha, ngizaqala ngikhangele," watsho u-Alice, "besengibona ukuthi kulesilimukiso esithi 'itshefu' kumbe asikho." Phela wayeseke wafunda njalo wethelwa inganekwane ezimnandi ngabantwana abatshayo, labadliwa yizilo zasendle kanye lezinye izehlakalo ezihlasimulisayo, ngenxa yokuthi babelibala ukukhumbula imithetho ababeyifundiswe ngabangane babo, njengokuthi, udlawu olubomvu oluvuthayo luza-

kutshisa ungalubamba okwesikhathi eside; lokuthi ungazisi-
ka umunwe ingqamu itshone kakhulu, kuzaphuma igazi;
yena wayengazake akukhohlwe ukuthi, unganatha embodle-
leni elesilimukiso esithi "itshefu", kungenzeka ukuthi ikubu-
lale kumbe ikugulise masinyane kumbe ngemva kwesikhathi.
Loba kunjalo, imbodlela leyo yayingelasilimukiso esithi
"itshefu". Ngakho u-Alice wakhululeka ukuthi anambithe
okwakuphakathi, njalo wathi esizwa kulinamnede (phela
kwakuzwakala ukuthi kwakuhlanganiswe itshukela, uchago,
i-aphula, ibhanana, amathofi kanye lesinkwa esithosiweyo
sagcotshwa ngebhata). Kungekudala wayeseyibhijile
imbodlela.

*   *   *   *

*   *   *

*   *   *   *

"Kuyini lokhu engikuzwayo!" atsho u-Alice; "Sengathi
sengiyancipha ngibe ngangenso yenyoni."
Ngempela yikho okwakusenzeka. Wayesemfitshane oku-
ngakholekiyo, ubuso bakhe bagcwala injabulo enanzelela
ukuthi ubuncane bakhe basebuzamnceda ukuthi angene
kulowo mnyango omncane ayethutshela esivandeni esihle.
Okokuqala, loba kunjalo, walinda okwemizuzu embalwa
ukuthi abone ingabe wayezaqhubeka encipha. Watshaywa
luvalo kancane ngalokho; "phela kungenzeka," watsho u-
Alice ekhuluma yedwa, "ukuthi anciphe aphele nya, nje-
ngekhandlela. Angazi, kambe ngizaba njani lapho?" Ngakho
wazama ukucabanga ngelangabi lekhandlela nxa ikhandlela
selicitshile, phela wayengasakhumbuli ukuthi wayeseke
wabona isimanga esinjalo.
Ngemva kwesikhatshana, enanzelela ukuthi akukho
okunye okwasekwenzakele, wacabanga ukuthi ake aye
esivandeni; kodwa, ngomnyama wakhe, u-Alice wathi efika

emnyango, wananzelela ukuthi wayesekhohlwe ikhiye yegolide emuva, njalo wathi esebuyela eyilanda etafuleni, wathola ukuthi wayesengasayifikeli.

Wayeyibona kakuhle ngale kwegilazi, wazama kakhulu ukuthi akhwele ngolunye unyawo lwethebuli, kodwa lwalutshelela; njalo wathi esediniwe ngenxa yokuzama, wahlala phansi wakhala. "Woza, akuncedi ukukhala kanje!" wazitshela u-Alice ngelizwi elicacileyo; "Ngikucebisa ukuthi usukume khona manje!" Wazinika icebo elihle kakhulu (loba nje engazange alilandele), njalo esikhathini wayeke azithuke kakhulu aze ahlengezele inyembezi. Wabuye wakhumbula kanye ukuzama ukutshaya izindlebe zakhe ngokumqilibezela emdlalweni wegolufu ayezidlalela eyedwa, ngoba yena wayevele ekuthanda ukudlala ezenza abantu ababili. "Kodwa akusela msebzenzi manje," wacabanga u-Alice, "ukwenza angathi ungabantu ababili! Ngenxa yani, angisaphelelanga lokuthi ngibe ngumuntu oyedwa ohloniphekayo!"

Ngakho walidla kancane ikhekhe, watsho elovalo, "Kwenzakalani? Kwenzakalani?" ebeka isandla phezu kwekhanda efuna ukuzwa ukuthi uyakhula kumbe uyafinyela; njalo wamangala esizwa ukuthi kwakungela mahluko okhona. Ukuze aqiniseke, yikho vele okuvame ukwenzeka nxa umuntu esidla ikhekhe; kodwa u-Alice wayesejwayele ukulindela ukuthi kwenzeke izinto ezingejayelekanga okwakusenza acabange ukuthi kwakuyibuwula ukuthi umuntu ahlale ecabanga ukuthi yizinto eziyimvama kuphela ezenzekayo.

Ngakho wazimisela, ngokuphazima kwelihlo ikhekhe laseliphelile.

* * * *

* * *

* * * *

Isiziba sezinyembezi

"Jzhimanga rezhimangarisho!" watsho u-Alice (wayese-
mangele kakhulu, okwenza ukuthi akhohlwe ukukhu-
luma isiNdebele esiqondileyo okomzuzwana). "Okwamanje
sengikhula ngibe ngangendlovu enkulu kulazo zonke, ngibe
mude njengentundla! Lisale kahle zinyawo zami! (phela
wathi ekhangela phansi wabona engathi izinyawo zakhe ziya-
nyamalala, zazilokhe zisolobela sisala phansi yena esiya
phezulu). "Awu bakithi, zinyawo zami ezincinyane, angazi
ukuthi ngubani ozaligqokela izicathulo lamasokisi enu
bakithi? Angiboni ukuthi ngingabe ngisanelisa futhi!
Ngizobe sengikhule ngaba phezulu kakhulu ukuthi ngizi-
hluphe ngani: kuzafanela lizame ngazo zonke indlela elinga-
zanelisa—kodwa kumele ngizinakekele," watsho esecabanga
u-Alice, "kumbe zizabe zingasambi ngendlela engiyitha-
ndayo! Kahle kengibone. Ngizazinika amabhutsu amatsha
ngalo lonke ikhefu leKhisimusi."

Waqhubeka ecabanga icebo lokuthi wayezakwenza njani
lokho. "Kuzafanele ngizithumeze ngeposo," watsho

ecabanga; "kuzabe kumnandi njani ukuthi umuntu athumele izinyawo zakhe izipho! Kodwa izobe isithini ikheli yakhona?

Unyawo luka-Alice lwecele lesandla sokudla,
    Eziko,
       Emkulwini,
        (Ngothando luka-Alice).

Yeyeni bantu, kuniyi lokho engikukhulumayo!" Ngalowo mzuzu ikhanda lakhe latshayana lophahla lweholu: wayesemude okwentundla! Waphinda wathatha ikhiye encane yegolide watatazela esiya esangweni lesivande.

U-Alice wenkosi, bakithi! Yikho lokho kuphela ayengakwenza, walala ngomhlubulo, ezama phela ukulunguza esivandeni ngelihlo elilodwa; kodwa ukungena kwakuyinkani, kwasekunzima ukwedlula kuqala. Wahlala phansi waqala ukukhala njalo.

"Awuziyangekeli kodwa nje?" wazihoza u-Alice. "Intombazana efana lawe," (angengeza langalokhu), "ukuqhubeka ukhala kanje! Ake uthule mani!" Kodwa waqhubeka loba kunjalo. Kwageleza umfula wezinyembezi kwaze kwabamanzi nte

lapho ayehlezi khona, kwaba lesiziba esitshonayo njalo
esigcwala iholu yonke.

Ngemva kwesikhathi wezwa izisinde kodwa zizwakalela
kudana, waphanga wesula izinyembezi efuna ukubona masi-
nya okuzayo. KwakunguMvundla omhlophe esebuyela, ese-
cece esemuhle, ephethe amagilavu abantwana amhlophe
ngesinye isandla esinye siphethe ifeni: weza ehaluzela
ngapha ekhuluma yedwa, "Yeyeni bantu! INkosazana bantu!
Ikosazana! Ayizikuvutha amalangabi nxa sengiyilindise
okwezulu kuthiwa liyabuya?" U-Alice wayesekhathele

okokuthi wayesezimisele ukucela uncedo laloba kubani: ngalokho ke, kwathi lapho uMvundla eseseduze laye, waqunga isibindi ngelizwi eliphansi njalo elilovalo, "Mnumzana, ngiyaxolisa—" UMvundla wethuka, walahlela phansi amagilavu abantwana amhlophe lefeni, watsholobela emnyameni ngesikhulu isiqubu.

U-Alice wadobha ifeni lamagilavu, njalo njengoba eholu kwakutshisa bhe, waqala ukuziphephetha ngefeni ngapha ekhuluma. "Awu bakithi! Yonke into iyinsumansumane lamhlanje! Kukanti izolo konke bekukahle njengensukwini. Kambe kungabe kukhona okungiguqulileyo ebusuku? Ake ngicabange: Kanje benginje ngivuka ekuseni? Ngizwa angathi ngiyakhumbula ngizizwa nginganje. Kodwa angisafani. Umbuzo olandelayo uthi, 'Pho ngingubani mina emhlabeni?' Yingxabangxoza enkulu! Insumansumane!" Waqala ukucabanga kakutsha abantwana ayebazi ababelingana laye, ukuze abone ukuthi wayengabe eseguqukile.

"Ngileqiniso ukuthi angisuye u-Andile," watsho, "phela inwele zakhe zingamagoda amade, kanti ezami aziphothananga ngitsho. Futhi ngiqinisekile ukuthi ngeke ngibe nguSazini, ngoba ngiyazi izinto ezinengi kakhulu, kukanti yena akwaziyo kulutshwana kakhulu! Ngaphandle kwalokho, *yena* unguye, mina *ngiyimi*, futhi—awu bakithi! Sengathi konke kuyadida! Ngizazama ukubona ukuthi ngisazazi zonke izinto ebengizazi. Ake ngibone: Ungaphindaphinda okune kahlanu kuba litshumi lambili, futhi ungaphindaphinda okune kasithupha kuba litshumi lantathu, njalo ungaphindaphinda okune kasikhombisa kuba—awu bakithi! Ngeke ngifike kumatshumi amabili kanje! Lanxa kunjalo, isamu zokuphindaphinda ngeke zicacise lutho: ake ngizame iJografi. ILusaka lidolobho elikhulu laseMaputo, futhi iMaputo lidolobho elikhulu laseHarare, kanti iHarare—cha bo, *akuqondanga* konke lokhu, angithandabuzi! Mhlawumbe sengiguqulwe ngaba nguSazini! Ake ngizame ukuthi

'*Ingwenya encane*—'," waphakamisa izandla zakhe phezu kwemilenze engathi uzalandela izifundo, waqala ukuhlabela, kodwa ilizwi lakhe laliheleza njalo lingajwayelekanga, njalo amagama awaphumanga ngendlela ayevame ukuzwakala ngayo:—

"*Ngabe ingwenya encane*
Iwucazimulisa kanjan' umsila wayo,
Ngokuthel' amanzi omful' uLimpopo
Kulawo maxolo asagolide!

"*Hawu, yaze yaba makha ngokunyenama,*
Yavul' izandlana zayo kakuhle,
Yazamukela ngokuthokoza inhlanz' ezincane,
Langengavul' ezivela nxa ibobotheka!"

"Ngilesiqiniseko ukuthi la ayisiwo magama aqondileyo," watsho u-Alice wenkosi, futhi amehlo akhe aqala ukugcwala izinyembezi lapho eqhubeka, "Kutsho ukuthi senginguSazini ngempela, futhi sengifanele ukuyahlala kulokhuyana okulidumba kwendlu, ngingabi labodoli bokudlalisa, futhi bakithi, kuzafanele ngiqale kutsha ukufunda izinto ezinengi! Cha, sengicabangisisile ngalinto: nxa nginguSazini ngizahlala lapha emlindini! Akuzukunceda ukuthi bangenise amakhanda abo lapha emlindini bamemeze bathi 'Phuma uze lapha sikuncede, sithandwa!' Kufanele ngikhangele phezulu ngibuze 'Ngingubani manje? Ngitsheleni kuqala, ngemva kwalokho, nxa ngithanda ukuba ngulowo muntu, ngizaphuma: nxa ngingathandi, ngizazihlalela lapha phansi ngize ngibe ngomunye umuntu'—kodwa bakithi!" akhalaze u-Alice, izinyembezi zisithi vu kanye, "Kodwa kungaba ngcono nxa bengafaka amakhanda abo lapha emlindini. Sengikhathele yikuhlala ngedwa lapha!"

Esitsho konke lokhu wakhangela izandla zakhe, wamangala ebona ukuthi ngesikhathi ekhuluma wayeseze wagqoka elinye lamagilavu amhlophe abantwana elalifike loMvundla. "*Ngingabe* ngikwenze njani lokhu?" wacabangisisa. "Kutsho ukuthi lokhe ngifinyela, ngincipha ngisiba mncane futhi." Waphakama waya etafuleni ukuyazilinganisa ngayo, wabona ukuthi njengoba wayecabanga, ubude bakhe basebungamafidi amabili kuphela, njalo wayelokhe encipha kakhulu. Ngokuphazima kwelihlo wananzelela ukuthi lokho kwakungenxa yefeni ayeyiphethe, wayiyekela ngokuphangisa, masinya ukuze anganciphi afinyele aze aphele du. "Ngisile ngesegundwane!" atsho u-Alice, esethuswe yinguquko eyenzeka ngokuphazima kwelihlo, kodwa elokuthokoza ukuthola ukuthi wayesesilile "Esivandeni manje!" Wantantalaza ngesiqubu ebuyela emnyango omncane; kodwa ngelishwa lakhe, umnyango wawusuvaliwe njalo! Lekhiye yegolide encane yayilokhe ikhona phezu kwetafula yegilazi njengakuqala, "izinto sezizimbi kulakuqala," wacabanga umntanabantu, "phela angizange ngike ngibe mncane kanje, ngitsho lanini! Futhi ngiyaphinda, sekukubi kakhulu, kunjalo!"

Ngesikhathi ekhuluma lamazwi unyawo lwakhe lwatshelela, ngomzuzwana nje, gxumu! Amanzi alesawudo ayesekhawula esilevini. Umcabango wakhe wakuqala waba yikuthi mhlawumbe uwele emfuleni, "futhi nxa kunjalo ngizabuyela ngesitimela," watsho ngaphakathi. (Phela u-Alice wayeke waya ekhunjini lolwandle kanye empilweni yakhe aze ethekelele eThekwini, njalo wayenanzelele ukuthi nxa uye elwandle, kutholakala imitshina yokugeza, abantwana begebha itshebetshebe yolwandle ngamafotsholo amapulanka, izindlu ezikhangele ulwandle, besekusiba lesititshi sesitimela ngemva kwazo.) Kusenjalo wananzelela ukuthi wayephakathi kwechibi lezinyembezi ezazivuza kuye ngesikhathi esesemude.

"Sengifisa ukuthi ngabe angizange ngikhale kangaka!" watsho u-Alice etshaya ibhamu, ezama ukuphuma. "Manje sengizajeziswa ngokugalula phakathi kwezinyembezi zami! Lokho kuzaba yisiga esikhulu impela! Vele zonke izinto ezenzeka lamuhla ziyinsumansumane."

Kusenjalo wezwa into eyayitshaya ibhamu echibini bucala laye, laye wantsheza esondela ukuthi ayebona ukuthi kwakuyini. Ekuqaleni wayecabanga ukuthi kungaba yimvubu, kodwa wakhumbula ukuthi kanje laye wayesevele semncuncuncu, ngakho kwabasobala ukuthi kwakuligundwane elaseligxumukele phakathi njengaye.

"Kambe kungabe kusasiza manje" wacabanga u-Alice, "ukuthi ngikhulume laleli gundwane? Konke sekonakele lapha, angeke kwangimangalisa nxa lalo leli gundwane lingakhuluma: ngendlela izinto eziguquka ngayo, ukuzama ngeke kwangibulala." Ngakho waqala: "Hawu bakithi, Gundwane, uyakwazi yini ukuthi ngingaphuma njani kuleli chibi? Sengidiniwe yikubhukutsha ndawonye, hawu Gundwane!" (U-Alice wacabanga ukuthi le kwakuyindlela eqondileyo yokukhuluma legundwane: phela wayengakaze abone into enje empilweni, kodwa wakhumbula ukuthi wayeke wabona ugwalo lukamnewabo lohlelo lwesiNdebele, "Igundwane—okwegundwane—egundwaneni—igundwane—Hawu Gundwane!" UGundwane wamjolozela amehlo ngokumangala, wabuye wangathi uyamqhweba ngamehlo akhe amancane, kodwa elokhe ethule zwi.

"Mhlawumbe alizwa isiNdebele," wacabanga u-Alice; "kusobala ukuthi leli ligundwane lesiKhiwa, woza leNdlovukazi u-Eliza." (Phela ngalo lonke ulwazana lwakhe lwezembali, umkhumbulo ka-Alice wawungacacanga ukuthi konke lokho kwakwenzeke nini.) Ngakho waqhubeka njalo: "Where is my cat?", okwakungumutsho wokuqala ayewufunde egwalweni lwakhe lwezifundo zesiNgisi. UGundwane wathi tshompo ephuma emanzini, wangathi uyaqhaqhazela umzimba wonke ngokwesaba. "Ngiyaxolisa!" watsho u-Alice ngokuphangisa, esesaba ukuthi wayesehlukumeze umoya wesidalwa sikaMlimu. "Besengikhohliwe ukuthi awubathandi omangoye."

"Ngithanda omangoye!" watsho uGundwane ngelizwi elivevezelayo njalo elihlabayo. "Wena ungabathanda omangoye ngabe kade uyimi?"

"Uqinisile, mhlawumbe bengingeke," watsho u-Alice ngelizwi eliduduzayo: "ungakhubeki ngalokho engikutshiloyo. Kodwa ngiyafisa ukuthi ngabe ngike ngikubonise umangoye wangakithi uKitty: Ngicabanga ukuthi ubungabathanda abanye omangoye nxa ungambona. Uyinto kaMlimu ethandekayo engahluphiyo," U-Alice waqhubeka, kodwa engathi uqondise ngakuye, ngapha ebhukutsha kanzima ezama ukuphuma esizibeni, "uyazihlalela ezihoqela kamnandi eceleni kweziko, ezikhothakhothela inzipho zakhe kumbe eziphulula ubuso bakhe—kanti njalo ukuba butshelezi komzimba wakhe kumnandi nxa uwuphulula—futhi uyintshantshu ekubambeni amagundwane—O bakithi, ngiyaxolisa!" wazisola njalo u-Alice ngoba uGundwane wayeseqhaqhazela esengumhlanga, wayengathandabuzi ukuthi wayesekhubekile ngempela. "Asiphindi sikhulume ngaye futhi nxa ungafuni."

"Ngangcono senze njalo!" wakhalaza uGundwane, owaye-qhaqhazela umzimba wonke kuze kuyefika emsileni. "Angathi vele ngingabuye ngikhulume ngayo futhi lindaba! Imuli yangakithi yayibazonda omangoye: ibabona njenge-zinanakazana ezilolunya njalo ezingaphucukanga! Kungcono ngingaphindi ngilizwe futhi leligama!"

"Angisoze ngiphinde futhi!" watsho u-Alice, esejahile ukuthi antshintshe inkulumo. "Ungabe uyazithanda izinja?" UGundwane kazange aphendule, waqhubeka ngedlabuzane: "Kulenja encane enhle eduze langakithi, ngizakutshengisa yona! Utitisi olamehlo amahle akhazimulayo, uyezwa, oleziboya ezinde ezigoqeneyo ezibomvana! Iyaqaga zinto nxa uyiphosela, futhi iyahlala kuhle icele ukudla, lazo zonke izinto ezinhle—ngeke ngizikhumbule zonke—umnikazi ngumzingeli, uyezwa, futhi uthi iluncedo kakhulu kuye, angayithengisa ngamadola angamakhulu! Uthi iyabulala wonke amagundwane le—hawu bakithi!" watsho ngelilosizi u-Alice, "Sengibuye ngamkhuba njalo!" Phela uGundwane wayesentsheza efuna ukuya kude laye, ehamba etshaya ibhamu echibini.

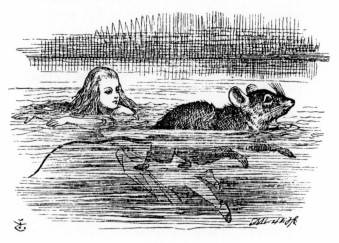

Ngakho wamemeza elandelisela ngelizwi elipholileyo,
"Gundwane bakithi! Phenduka, asisoze sibuye sikhulume
ngabomangoye kumbe izinja nxa ungazithandi" Wathi
esizwa lelo uGundwane watshibilika wantsheza esebuyela
kuye, ubuso bakhe bungathi bulosizi (wabona u-Alice ukuthi
kwakungelathando), wasesithi uGundwane ngelizwi
eliphansi elivevezelayo, "Asiye ekhunjini, singafika lapho
ngizakubalisela imbali yami njalo uzazwisisa ukuthi kungani
ngizonda omangoye lezinja."

Kwasekuyisikhathi sokuhamba, phela isiziba sesinyakaza
ngenyoni lenyamazana ezazilokhe ziwela: kwakuleDada
loDwayi, uPoli loMzwazwana (umntwana omncane), kanye
lezinye izinanakazana ezingaqondakaliyo. U-Alice wakho-
khela, umthimba wonke wantsheza ngemva kwakhe umla-
ndela esiya ekhunjini.

Umncintiswano wexukwana lenganekwane ende

Ngempela babelixukwana elingajwayelekanga bebu-thene ekhunjini—izinyoni ezilamaphiko azintshaka, izinyamazana eziloboya obunamathele emizimbeni yazo, zonke zivuza amanzi njalo zibukeka zinunubele. Kwakusobala ukuthi umbuzo wokuqala wawungowokuthi zazizazomisa kanjani: zathi ukuxoxisana ngalowo mbuzo, kwathi ngemva kwemizuzu engemingaki kwaba lula nje ku-Alice ukuba akhulumisane lazo engathi wayezijwayele, engathi wayesazane lazo kusukela iqala ukubona ilanga. Kanjalo nje, wazithola esephikisana loPoli okwesikhathi eside, mandulo kokuba athi uPoli ngokucunuka, "Ngimdala kulawe, ngakho ngifanele ngazi ngcono kulawe." U-Alice wayengasoze akumele lokho, phela wayefuna ukwazi ukuthi uPoli umdala kangakanani. Kwathi ngoba uPoli esenqaba ukuchaza ngobudala bakhe, yaphelela lapho-ke leyo mpikiswano.

Ngemva kwesikhathi, uGundwane, owayengathi uyinko-
kheli yabanye bonke, wakhalima wathi: "Hlalani phansi
lonke, lingilalele! Ngizalomisa lonke masinyane nje!" Bahlala
phansi bonke kanye, benza isigombolozi esikhulu, uGu-
ndwane esenkabeni yaso. U-Alice wayesemgqolozele amehlo
ngokukhathazeka ngoba efuna ukuzwa ukuthi bazokonyiswa
nini, phela kwasekumcacela ukuthi uzabanjwa ngumvimbano
nxa engasomanga masinyane.

"Ehe!" Atsho uGundwane ngokukhulu ukuziqhenya,
"Selimi kakuhle na? Akukho ukoma okudlula lokhu. Akeni
lithule lonke ngililandisele. 'Umnqobi uWilliam, owayelose-
kelo lukaPapa, waphanga wathotshelwa ngamaNgisi ngoba
ayefuna abakhokheli njengoba basebeze bajwayela ukwehlu-
lwa lokuncindezelwa. U-Edwin loMorcar, izikhulu zase-
Mercia laseNorthumbria—'"

"Nx!" anxaphe uPoli eqhaqhazela.

"Uxolo!" kwatsho uGundwane, ngokuzithoba kodwa ehwa-
qile. "Utheni?"

"Hatshi!" aphendule ngokuphangisa uPoli.

"Bengithi uyakhuluma," kwatsho uGundwane. "Kahle
ngiqhubeke-ke. 'U-Edwin loMorcar, izikhulu zaseMercia
laseNorthumbria zamesekela, ngitsho loStigand, uMbhi-
shopu omkhulu waseCantebury owayelomoya wobuzwe,
wambona kufanele—'"

"Wabona kufanele," kuphendula uGundwane ngokucasu-
ka, "ngempela uyazi ukuthi ngitshoni."

"Ngiyazi ukuthi 'into' iyini nxa sengiyitholile," kutsho
uDada: "Kungaba lixoxo loba iwemusi. Umbuzo wami
yikuthi, watholani uMbhishopu omkhulu?"

UGundwane wenza angathi kawuzwanga lowo mbuzo,
waphanga waqhubeka ethi: "—wathola kufanele ukuthi
ahambe lo-Edgar Atheling baye kuWilliam, bayemcela
ukuthi amukele umqhele. Ekuqaleni uWilliam waziphatha
kahle, kodwa ukudelela kwabantu bakhe abangamaNor-

man—' Uzizwa unjani kodwa manje sithandwa sami?" aqhu-
beke uGundwane ephendukela ku-Alice.

"Ngisemanzi te!" watsho u-Alice ngelilosizi. "Indaba yakho
ayingomisi ngitsho."

"Nxa kunjalo," kwatsho uDwayi ngokuzithoba, esukuma
esima ngezinyawo, "ngixwayisa ukuthi umhlangano uchi-
theke ukuze sizame imizamo ezasivusa amadlabuzane—"

"Khuluma isiNdebele esicacileyo!" kwasho uMzwazwana,
"Angizazi ingcazelo zamanye amagama amakhulu owase-
benzisayo, kanti njalo angikholwa ukuthi lawe uyazazi!"
UMzwazwana wagobisa ikhanda efihla ukubobotheka, ezinye
izinyoni zaphumisela ukugigideka kwazo.

"Ebengizokutsho," kwatsho uDwayi ngephimbo losekhu-
bekile, "yikuthi into ezaphangisa ukusomisa ngumncinti-
swano wexukwana."

"Yini-ke Umncintiswano Wexukwana?" kubuza u-Alice,
ebuza hatshi ngoba efuna ukwazi, kodwa ngoba wabona
uDwayi ekhokha umoya angathi ucabanga ukuthi kukhona
ofanele akhulume. Loba kunjalo, akukho ngitsho loyedwa
owakhanya ezimisele ukuvula owakhe.

"Ini?" atsho uDwayi, "indlela elula yokuchasisa yikuthi
sivele siqale ukwenza." (Njengoba lani lizafuna ukuzizamela
ngelinye ilanga lasebusika, ngizalitshela ukuthi uDwayi yena
wakwenza njani.)

Waqala ngokudweba inkundla yomncintiswano eyisigo-
mbolozi ("akukhathalekile ukuthi inkundla iyisimo bani,"
atsho uDwayi), bonke abagijimi bemiswa ngemizila abazoyi-
landela, omunye la, omunye laphaya. Wayengekho umuntu
wokubalawula ukuthi baqale ngokubala esithi: "*One, two,
three*, sukani!" kodwa omunye lomunye waqala ukugijima
lapho esefuna, futhi wayephumula nxa esefuna, okwenza
kwaba nzima ukubona ukuthi umncintiswano suphelile.
Ngemva kokuba sebegijime isikhathi esingaphose sibe lihola,
njalo sebewomile, uDwayi wavele wamemeza wathi:

"Umncintiswano suphelile!" Babuya bonke bamgombolozela, bekhefuzela, bebuzana ukuthi: "Pho ngubani onqobileyo?"

UDwayi wayengasoze aphendule lumbuzo engacabangisisanga, ngakho wama isikhathi eside ebeke umunwe ebunzini (kwangathi nguTsvangirai ezithombeni zakhe ezijayelekileyo), abanye bonke bathula belindile. Ekucineni uDwayi wathi: "*Lonke,* linqobile, futhi *lonke* kufanele lithole imivuzo."

"Kodwa ngubani ozasiqhubela imivuzo?" babuza abanengi kanyekanye engathi bayacula.

"Ngubani omunye ngaphandle kwakhe?" kubuza uDwayi ekhomba u-Alice ngomunwe. Bonke baphithizela besiya kuye, ngapha bememeza kanyekanye bethi: "Imivuzo! Imivuzo!"

U-Alice wayengela qiniso ukuthi kufanele enze njani, ngokuphelelwa watshonisa isandla esambeni, wakhipha ibhokisi lezithelo ezonyisiweyo (ngenhlanhla amanzi alesawudo ayezange afinyelele kulo), wasebakhangeza bonke njengemivuzo yabo. Lowo lalowo wathola ucezwana lwesithelo olulodwa ngoba zazibenela.

"Kodwa laye u-Alice phela kumele awuthole owakhe umvuzo!" kwatsho uGundwane.

"Uqinisile," kuphendula uDwayi ngezwi elilosizi. "Ulani okunye esambeni sakho?" watsho esekhangele ku-Alice.

"Sekusele indandatho yokivikela umunwe kuphela," kutsho u-Alice ngokudangala.

"Ilethe lapha," kutsho uDwayi.

Bonke bamgombolozela lapho uDwayi esemkhangeza indandatho esithi: "Sicela ngokuzithoba okukhulu ukuthi wamukele le ndandatho elohlonzi," wathi nxa eqeda ukutsho lamazwi bonke bavungama ngemipululu lamakhwelo.

U-Alice wayibona yonke le nto ingaqondakali, kodwa bonke abanye babezimisele okwenza lokuthi ehluleke lokuhleka. Njengoba kwakungekho acabanga ukukutsho, wakhothama, wemukela leyo ndandatho ngokuzithoba okukhulu kakhulu.

Ngemva kwalokho kwalandela ukudla incezu zezithelo zabo. Lokhu kwadala umsindo lokuxokozela, izinyoni ezinkulu zazikhalaza zisithi azizwa lokuthi lokho kudlana kuyangaphi, kanti ezincane zona zakhanywa zaze zancedwa ngokubhansulwa emihlane. Kodwa konke lokho kwedlula, zasezibuyela zisiyakuthi gwaqa esigombolozini sazo, zacela ukuthi uGundwane azethele inganekwane.

"Uyakhumbula ukuthi ungithembise ukungilandisela ngembali yakho," kutsho u-Alice, "echaza ukuthi kungani uzonda uMango- ... loNj- ..." wengeza esenyenyeza njalo esesaba ukuthi kungenzeka uGundwane aphinde akhubeke.

"Le ndaba yami inde kakhulu futhi iyadabukisa!" kutsho uGundwane, ekhangela ku-Alice njalo esehlisa iphika.

"Kusobala ukuthi yindaba ende," kutsho u-Alice ekhangela umsila kaGundwane omude; "kodwa kungani usithi iyadabu-

30

kisa?" Waqhubeka edidekile ngaleyo ndaba ngesikhathi uGundwane ekhuluma, okwenza ukuthi ngelihlo lengqondo abone indaba ehamba kanje:—

"UMangoye wa-
thi kuGundwane
Lapho behlanga-
na endlini:
'Asambe sobabili
Siye emthethwa-
ndaba. Ngizakwe-
thesa umlandu.—
Masiye, ngeke
ngikuvumele
Lanxa ufuna
ukuphika.
Kufanele
liyethethwa
icala 'Ngoba
lamhlanje ekuseni
kangilalutho
engilwenzayo.'
Athi uGundwane
kuMangoye.
'Icala
elinje
Mnumzana!
Kungela
lamtshutshisi
labahluleli;
sizobe
sizichithela
isikhathi
nje.
Ngizokwa-
hlulela
Ngizoba
ngumtshu-
tshisi,'
kutsho
iqili
elingu-
Mangoye.
'Ngizoli-
tshu-
nsthisa
Icala,
ngethule
isi-
gwebo
soku-
thi
wena
ufe.'

"Sengathi awuyikhathalelanga yonke le nto!" kwatsho uGundwane ku-Alice ngokucunuka. "Kuyini okucabanga kangaka?"

"Ngiyaxolisa," kutsho u-Alice ngokuzithoba okukhulu: "ngicabanga ukuthi indaba yakho kade isisiya emaphethelweni?"

"Cha, akunjalo! Kade ungalalelanga!" kwatsho uGundwane, ephakamisa ilizwi kubonakala ukuthi secaphukile.

"Ngempela bengilale," kwatsho u-Alice elokhu engasaqedisisi ukuthi ufuna ukwenzani, kodwa kusobala ukuthi ufisa kucace ukuthi ulesisa. "Qhubeka lami ngilalele ngizwe ukuthi indaba yakho yaphetha njani."

"Ngeke ngiyenze into enjalo mina," kutsho uGundwane ngolaka, esithi lothu ehamba. "Ungenza isilima sakho nje!"

"Ngiphambanisile wethu, uxolo!" watsho ezincengela u-Alice. "Kodwa lawe, uphanga ucunuke nje!"

Wavele wanxapha nje uGundwane, kwaba yiyona mpendulo yakhe.

"Ngempela, siyakucela ukuba uphenduke, uqedise indaba yakho!" kwatsho labanye bonke ngezwi linye. Phinde abanake uGundwane, wavele wanikina ikhanda, waphanga wahamba.

"Kwaze kwakubi-ke ukuba uGundwane ale ukuhlala!" kwatsho uPoli lapho uGundwane esanda kusithela.

Kusenjalo uMankala wathatha lelo thuba walisebenzisa ukulaya indodakazi yakhe, wathi: "Ntandokazi, sengathi lesi singaba yisifundo sokuthi ungabi lenhliziyo encane njengo-Gundwane!"

"Hatshi bo, mama!" kwatsho uMankala omncane ngokunengeka, "Lomuntu obekezelayo angacina ecaphuka ngenxa yokuphikelela kwakho."

"Ngaze ngafisa ukuthi ngabe uKitty ulapha manje," kutsho u-Alice ephumisela kodwa kungekho muntu aqondise kuye, "ngiyazi ukuthi ubezomlanda aze laye uGundwane!"

"Engubani yena lowo Kitty?" kubuza uPoli.

Aphendule ngomfutho lapho u-Alice, phela akaliyeki ithuba lokuxoxa ngesifuyo sakhe nxa lithe lavela ithuba: "UKitty ngumangoye wangakithi. Uyingqwele enkulu kakhulu ekubambeni amagundwane. Ngifisa ukuthi ngabe liyake limbone esesukela izinyoni! Inyoni encane kayibali, uyiqhobaqhoba kanye nje angavele ayithi tshazi!"

La mazwi ka-Alice ahlasimulisa umzimba kuleli xuku elalilalele. Ezinye izinyoni zavele zathi saka! Kwasala uWabayi omdala esalungisa amaphiko akhe, ngasikhathi sinye esithi: "Lami sekumele ngibhekise amabombo ekhaya; intshongolo yakusihlwa ayihambisani lomphimbo wami!" Kusenjalo omunye uNtaka watshwitshwiza ebiza abantwabakhe: "Wozani, zintandokazi zami! Sekuyisikhathi sokuba liyolala manje!" Zonke izinyoni zathola isizatho sokufulathela, u-Alice waze wasala eseyedwa.

"Ukuba bengisazi ngabe angizange ngithi vu umlomo ngegama likaKitty!" atsho ezikhulumela yedwa esezwakala eselesizungu. "Kuyacaca ukuthi akukho muntu omthandayo uKitty lapha, kodwa angithandabuzi ukuthi akulamangoye omuhle njengaye emhlabeni wonke jikelele! Hawu, Kitty sithandwa sami! Kambe ngizophinde ngikubone njalo?" Dedelele, zehla ngezihlathi izinyembezi u-Alice esekhala. Phela umoya wakhe wausuphansi njalo isizungu sesizithaphuzela. Ngemva kwesikhatshana nje, waphinde wezwa izisinde ezincane zizwakalela kude. Waphakamisa amehlo, efisa ukuthi kube nguGundwane, esexolile watshintsha ingqondo, esesiza ukuzoqedisa indaba yakhe.

ISAHLUKO IV

UMvundla uthumela uMbankwa

Kwakunguimvundla oMhlophe, ethotha kancane esephindela emuva, ehamba ethalaza emaceleni, ekhangeleka engahlialsekanga, esengathi kukhona into emlahlekeleyo. U-Alice wamuzwa engunguna ezikhulumela yedwa ethi: "INdlovukazi bakithi! INdlovukazi bantu! Awu bakithi, yeka izandlana zami! Awu bakithi, uboya bami lamadevana ami! Phela izovele ithi mangisuselwe amanqe, kanti njalo lamaganyana ngiyawazi! Kambe ngabe ngiwawisele ngaphi?" U-Alice wavele waqagela masinyane ukuthi ukhuluma ngefeni kanye lamagilavu abantwana amhlophe, laye waqala ukudinga, kodwa phinde abone ulutho. Sengathi yonke into yayisitshintshile ngemva kokubhukutsha kwakhe esizibeni. Iholu enkulu eyayiletafula yengilazi kanye lomnyango omncane, konke kwasekunyamalele.

Ngesikhatshana nje uMvundla wambona u-Alice owayehambahamba edinga, wavele wakhwaza ngolaka ethi: "Wena Simemelwane, wenzani lapha? Ake ugijime uye ekhaya uyongithathela amagilavu kanye lefeni khona manje! Phangisa, khona manje!" Ngendlela ethuka ngayo u-Alice waphaphatheka waqonda lapho ayekhombele khona uMvundla, phinde athole ithuba lokuchaza iphutha elalenzekile.

"Ucabanga ukuthi ngiyisichaka sakhe sasendlini," watsho ecabanga u-Alice, elokhe egijima. "Uzamangala kanjani kambe lapho esebona ukuthi angisuye muntu acabanga ukuthi nginguye? Kungasenani, kufanele ngimphathele amagilavu akhe lefeni, kodwa lokho ngizakwenza kuphela nxa ngiwatholile." Wathi esacabanga kanje wathi ngqwa lendlwana encane enhle okwamagama, ilomnyango olebhakane lethusi elicwebezelayo elibhalwe igama: "MVUNDLA MHLOPHE". Wazithela phakathi engazange aqoqode, waphanga wakhwela waya emagumbini angaphezulu. Inhliziyo yayidlala lamaphaphu ecabanga okwakungenzeka nxa engahle ahlangane loSimemelwane, axotshwe nje engakawatholi lamagilavu lefeni.

"Ayiqondanga mpela le nto," akhulumele ngaphakathi u-Alice, "ukuthi mina lo ngithunywe nguMvundla ukugijimisa imibiko yakhe! Kutsho ukuthi loKitty uzaqala ukungithuma ngigijime lemibiko yakhe!" Waqala ukukubona kamhlophe ngamehlo engqondo: "'Nkosazana Alice! Woza lapha kimi, lunga ukuze uhambahambe welule inyawo zakho!' 'Ngomzuzwana, mongikazi! Ngiyeza! Ngisalinde lapha emlindini ukuthi igundwane lingaphumi uKitty aze afike.' Into nje angikholwa," aqhubeke ecabanga, "ukuthi bangamvumela uKitty ukuthi ajame endlini aqale ukulawula abantu!"

Ngalesi sikhathi wayesengene ekamelweni elicocekileyo lalungiswa kahle, liletafula eduzane kwefasitela (kunjengoba wayefisa). Ngaphezu kwaleyo tafula kulefeni lamapheya angaba mabili kumbe mathathu amagilavu abantwana amhlophe. Wathatha ifeni lepheya yamagilavu, wathi lapho esethi makaphume amehlo akhe athi ngqwa lembodlela eyayiseduze lesibuko. Imbodlela le yona yayingelawo amagama athi: "NATHA MINA", kodwa ke wayivula waxhuma indebe zakhe kuyo. "Ngiyazi kamhlophe ukuthi kukhona okuhle okuzokwenzeka," watsho ezicabangela nje, "njengoba bekuhleli kusenzeka nxa ngisidla kumbe nginatha ulutho. Ngizake ngibone ukuthi yini ezokwenzeka nginganatha okusembodleleni le. Ngilethemba lokuthi kuzangikhulisa, ngoba ngempela ngikhathele yikuba yintwana encane kangaka." Ngempela kwenzeka njengokufisa kwakhe. Engakanathi lengxenye nje yembodlela, wezwa ikhanda lakhe selithinta uphahla phezulu, kwadingeka ukuthi akhothame ukuze intamo yakhe ingephuki. Waphanga wayibeka phansi imbodlela, ekhuluma yedwa esithi: "Sekwanele manje, ngiyethemba ukuthi angisoze ngiqhubeke ngikhula okwedlula lokhu. Kulobu bukhulu bami, angisayikwenelisa lokuphuma kulo umnyango! Kanti bengivele nginathelani kangaka?"

Wayesengemva kwendaba! Waqhubeka ekhula, wakhula kwaze kwadingeka ukuba aguqe phansi. Ngomzuzwana nje kwakungasancedi lalokho. Ngakho wazama iqhinga lokulala phansi indololwane eyodwa yeyame esivalweni, enye ingalo yakhe igobe phezu kwekhanda. Lalokho akuzange kuncede kakhulu, waqhubeka ekhula, iqhinga lakhe lokucina kwaze kwaba yikukhipha enye ingalo ngefasitela, wakhipha lomlenze owodwa ngomphotshongo wentuthu, esenza lokho esezibona ephelelwa yedwa esithi: "Okwamanje akusekho okunye engingakwenza, laloba yini eyenzeka kimi. Kambe ngizokuba yini mina?"

Ngenhlanhla yakhe u-Alice, isimanga sembodlela sasesifike emaphethelweni, ngakho kasaqhubekanga ekhula, kodwa lokho akungazange kumhlenge ngoba ayengasekho amathuba okuthi angaphuma esesekuleso simo. Ngakho waqhubeka ehlulukelwe.

"Uyazi bekungcono kakhulu ngekhaya," watsho ezica-bangela u-Alice, "lapho umuntu abengabi elokhu ekhula kumbe efinyela ngapha elawulwa ngamagundwane lemivu-ndla. Sengifisa kanjani ukuthi ngabe angingenanga kulo-waya mlindi womvundla—kodwa—uyazi, impilo enje yenza ufune ukwazi ukuthi kuzaphetha ngani! Kambe yini engacina yenzekile kimi! Ngisafunda inganekwane, ngangi-cabanga ukuthi lezo zinto ezisenganekwaneni azenzeki, manje nanzo ke ngiphakathi kwazo. Kufanele kube logwalo oluzabhalwa ngensumansumane yami, ngempela! Nxa sengikhulile ngizalubhala. Vele sengikhulile manje," wengeza ngelizwi elilosizi, "Kungcono nje ngoba angiseyiqhubeka ngikhula okwedlula lapha."

"Kodwa-ke," wacabanga u-Alice, "kutsho ukuthi angiseyi-kukhula ngibe mdala kulalokhu? Kungaba kuhle lokhu, ngezinye indlela—ngeke ngibe yisalukazi, ukuze ngihlale ngi-funda izinto ezintsha! Cha, akufanelanga ngifise into enjalo!"

"Siwulandini esingu-Alice!" watsho eziphendula. "Uza-funda njani nxa ulapha nje? Indawo le incane kakhulu, ngitsho lengwalo ezilezifundo ozifisayo azilandawo lapha!"

Waqhubeka kanjalo ngemicabango yakhe, eyihlolisisa ngenhlangothi zayo zonke, ekucineni wenza ingxoxo epheleleyo. Kungekudala, leyo micabango yaphazanyiswa lilizwi alathutsha phandle, wathula walilalela.

"Simemelwane! Simemelwane!" litsho ilizwi. "Letha amagilavu ami njengamanje!" Wezwa izisinde zenyawo zisehla ngezitepisi. Waqonda u-Alice ukuthi uMvundla wayesebuyile emlandela, waqhaqhazela kwanyikinyeka indlu yonke esesaba, eselibele lokuthi yena wayesemkhulu okuphindwe ngenkulungwane kuloMvundla, ngakho engasela sizatho sokumesaba.

Nango-ke uMvundla eqonda ngqo emnyango, ezama ukuvula isivalo; kodwa njengoba lesi sivalo kufanele sivulekele ngaphakathi, kwaba nzima ukuthi sivuleke ngenxa yokuthi u-Alice wayelokhe esifithizela ngendololwane. U-Alice wezwa uMvundla esekhuluma yedwa ethi: "Sengizabhoda ngemva kwendlu ngingene ngewindi."

"Ngeke ukwenze lokho!" kwatsho u-Alice ecabanga, wathula elindele ukuthi aze azwe ukuthi uMvundla usefikile yini ngaphansi kwewindi. Wakhipha isandla wacaphuna emoyeni, kwangabi lanto ayibambayo ekuqaleni, kodwa wezwa umkhosi lento ewela phansi, lokuphahlazeka kwegilazi, wahle wacabanga ukuthi kungenzeka ukuba okuwileyo kuwele phezu kwegilazi.

Kusenjalo wezwa ilizwi elilolaka, ilizwi likaMvundla: "Themba! Themba! Ungaphi?" Kwaphendula ilizwi akade engazange alizwe phambilini, "Ngilapha, ngiqoqa amaaphula, Mhlonitshwa!"

"Ama-aphula?" abuze uMvundla ecaphukile, "Woza uzongikhupha lapha!" (Kwezwakala omunye umsindo wamagilazi afileyo.)

"Akungitshele manje, Themba, kuyini lokhuya okusewindini?"

"Kusobala ukuthi yingalo phela leyana, Mhlonitshwa!"

"Yingalo, siphukuphuku sehasi? Wake wayibona ngaphi ingalo engaka? Awuboni ukuthi ivale ifasitela lonke!"

"Yebo kunjalo, Mhlonitshwa, kodwa yingalo leyana."

"Lanxa kuyingalo, phela ayila msebenzi laphayana? Zama icebo ke uyisuse."

Kwake kwathi zi okwesikhathi eside, into u-Alice ayeseyizwela kude yikunyenyeza, lokhu kunyenyeza wayekuzwa kanje: "Ngempela, ngempela, angiyithandi ngitsho into le, Mhlonitshwa!" "Yenza njengoba ngikutshela, gwalandini!" Ekucineni u-Alice welula isandla sakhe, ebamba umoya. Ngaleli thuba kwezwakala imisinjwana emibili, yalandelwa ngokunye ukuphahlazeka kwamagilazi. "Kutsho ukuthi manengi amagilazi lapha phandle, kambe mangaki asefile manje!" kucabanga u-Alice. "Kambe sebezakwenzani-ke manje! Nxa befuna ukungikhupha ngewindi ngingakujabulela lokho. Phela ngeke ngihlale lapha unompela!"

Walinda okwesikhatshana kungezwakali msindo, kodwa wacina esizwa umsindo wamavili enqodlana lamazwi abantu abanengi bekhuluma kanyekanye. Ezinye inhlamvu zamazwi zazisithi: "Lingaphi elinye ilele?—Elani? Ngize lelilodwa, angiboni ukuthi bekufanele ngize lelinye. UBill laye ulalo elinye—Bill! Woza lalo lapha wethu!—Bamba lapha— Athathe-ke, uwabeke ekoneni leli—Hayi, akuncedi! Abophe uwaxhumanise ngoba ngeke afike phezulu nxa ezimele ngalinye—Ehe, asefika kuhle manje. Sukuzihlupha manje— Thatha lintambo—Ngabe uphahla luqinile? Qaphela lapha- yana kuyaxega—Hawu, ungathi sekusiwa nje! Qaphelani amakhanda phansi!" (phahla!)—"Ngubani-ke owenze lokho?—Ngicabanga ukuthi nguBill—Manje ngubani oza- kwehla ngomphotshongo wentuthu? Hayi bo, mina yinkani! Akungene wena!—Ngeke mina!—NguBill ozongena! Bill, uMhlonitshwa sekhulumile, uzakwehla ngomphotshongo!"

"Ehe! Kusobala ukuthi nguBill okumele ehle ngompho- tshongo. Ngabe usesiza?" Watsho u-Alice ekhuluma yedwa. "Sengathi yonke into iphoselwa kuBill. Ngiyamzwela, angifisi ngitsho sekutheni ukuba nguBill. Iziko leli lincane kakhulu, kodwa ngibona angathi lingangivumela ukuthi ngikhahlele kancane nje!"

Welula unyawo lwakhe, elungenisa emphotshongweni lwaze lwafika okuphelela ubude balo, waselinda isikhatshana waze wezwa umsinjwana wenyamazana ethile (akazange azi ukuthi yayiyinyamazana bani), esizwa ukukhasa kwayo pha- kathi komphotshongo ngaphezukwakhe. Wazizwa ese- khuluma yedwa ethi: "Nguye-ke lo uBill." Walwekela kanye unyawo lwakhe lwahamba lwayahlala, waselinda ukuzwa ukuthi yini eyayenzekile ngempela.

Umsindo wokuqala awuzwayo ngamazwi atsho kanyekanye ethi: "Nango-ke uBill!" Kwezwakala elikaMvundla kuphela lisithi: "Mbambe wena osekucineni!" Kwabuye kwathi cwaka. Kwabuye kwaqala futhi ukuxokozela: "Mbambeni kahle

ngekhanda, Bongo, qaphela ungamkhami. Kwenzekaleni jaha elidala? Kuhambe njani? Sitshele wethu!"

Ekucineni kwezwakala ilizwana eliphela umoya ("NguBill-ke lowo," kucabanga u-Alice), "Kumnyama kimi, angazi lutho! Ngeke ngiphinde,—sengingcono manje kodwa ngisadidekile ukuthi ngililandisele. Engikukhumbulayo nje ngizwe into isiza kimi ngamandla amakhulu qede ngalahleka emoyeni ngesivuthevuthe!"

"Uwe kabi impela, jaha elidala!" batsho bemvumela abanye.

"Kufanele sitshise indlu nxa kunjalo!" kutsho ilizwi likaMvundla. U-Alice wavele waklabalala wathi: "Like lilinge, ngiyalinikela ngo-Kitty!"

Kwabuye kwathula cwaka, u-Alice waqhubeka ecabanga: "Kazi-ke ukuthi sebezakwenzani manje. Ngabe amakhanda abo ayathatha ngabe baphakamisa uphahla." Ngemva komzuzu baqala futhi ukuhambahamba, u-Alice wasesizwa uMvundla esithi: "Asiqaleni ngebhara eyodwa egcweleyo."

"Kambe yibhara yani-ke leyo?" kucabanga u-Alice. Kodwa engakaginyi amathe, ngomzuzwana nje, atheleka amatshe amancane ewindini, amanye awela kuye esihlathini. "Kumele ngiyinqande yonke le nto yabo," watsho ekhulumela ngaphakathi, qede wamemeza wathi: "Ngangcono lime ngento yenu le!" Lokho kukhuza kwakhe kwalandelwa ngokunye njalo ukuthula.

Kusenjalo-nje, isimanga esakhanga u-Alice, wabona amatshe la akade enetha ngewindi etshintsha esiba ngamakhekhe amancane ngemva kokuwela phansi, wahle wafikelwa ngumcabango omuhle kakhulu engqondweni: "Nxa ngingadla elilodwa lamakhekhe la," watsho ecabanga, "lakanjani kuzobakhona inguquko ebukhulwini bami. Njengoba sengivele ngimkhulu kangaka, ngeke langenza ngibe mkhulu okwedlula lokhu, okungenzeka yikuthi linginciphise."

Walilontshela-ke ikhekhe elilodwa, wathokozela kakhulu ezibona esencipha khonapho nje. Uthe esenciphe okungamvumela ukuthi aphume ngomnyango, wagijima waphuma endlini, wathola ixuku lenyamazana lenyoni zilindile ngaphandle. Phakathi laphakathi kwaleli xuku kwakuloMbankwa omncane, uBill, abanye bonke bemgombolozele, yena ebanjwe zimbila ezimbili ezazimnathisa okuthile ngembodlela. Bathi bembona u-Alice bagijimela kuye bonke, kodwa yena wathi nyawo ngibeletha ebaleka, wayacatsha ehlathini eliminyeneyo.

"Into okumele ngiyenze kuqala," kwatsho u-Alice ekhuluma yedwa ehlathini, "yikubuyela ebukhulwini bami bansukuzonke. Okwesibili, kufanele ngithole indlela ezangibuyisela kulesiya sivande esihle. Leli licebo elihle kakhulu."

Lona lalibonakala lilicebo elihle okungathandabuzekiyo, futhi licetshwe ngobunono lahlelwa kahle, kodwa-ke inkinga enkulu kwakuyikuthi wayezaqala ngaphi ukuzama ukulifeza lelo cebo lakhe. Kusenjalo, wezwa okukhonkotha ngezwi eliqongileyo ngaphezu kwekhanda lakhe, wasekhangela ngokuphangisa ukuthi abone ukuthi kwakuyini.

Wabona umdlwane omkhulu umkhangele ngamehlo amakhulu azimbumbuluza, uselula isidladlana sawo, uzama ukumthinta. "Hawu bakithi!" kutsho u-Alice ngephimbo eli-pholileyo, ezama ukuwuhuga etshaya lomlozwi. Kusenjalo wasefikelwa lusizi ecabanga ukuthi mhlawumbe okungu-mdlwane kufile ngephango. Lokho kwakungenza ukuthi kuzidlele yena laloba wayezama ukukuhuga.

Engananzelelanga ukuthi wayesenzeni, wathatha uluthi walusondeza kuwo umdlwane. Wona wathi ntshompo ngazo zonke izinyawana zawo, usenza lomsindo wenjabulo, wayowela phezu koluthi. U-Alice wazitholela ithuba lokucatsha ngemva kwesihlahla ukuze anganyathelwa. Wathi evela ngakwelinye icele lesihlahla, umdlwane watsho usulapho ufuna ukunombela oluthini, waze wawa amangqetshane lapho uzama ukufinyelela uluthi. U-Alice wacina ebona lokho kufanana lomdlalo wokugijima phambi kwenqola yabobabhemi, lapho umuntu angagxotshwa noma nini yizinyawo zabobabhemi. Waqhubeka egijima ejikeleza isihlahla. Umdlwane wona waqhubeka uzama ukufinyelela uluthi, ugijima uthatha amanyathelo ambalwa ukuya phambili bese uthatha amanengi usiya emuva, sikhathi sinye ukhonkotha ngelizwi elingathi liyatsha. Ekucineni wakhathala, wahlala phansi ukhefuzela, ulimi selulenga nje kanti amahlelo awo amakhulu ayesengathi ayacimeza.

Lokho kwanika u-Alice ithuba lokuphunyuka. Wasuka ngesiqubu esikhulu wabaleka waze wadinwa laye, esephela umoya kodwa ukukhonkotha komdlwane sekuzwakalela ekudeni le.

"Hawu, kodwa ubumuhle bantu umdlwane lowana!" kutsho u-Alice, ehlala phansi eceleni kwamaluba eziphephetha ngamahlamvu awo. "Bekuzoba mnandi sengiwufundisa amaqhinga athize athandwa yimidlwane ngabe bengimkhulu ngokufaneleyo. Hawu, besengilibala! Kanje kusamele ngizame ukuba mkhulu futhi. Ake ngibone, kanje yinto engizayeza kanjani leyo? Ngicabanga ukuthi kumele ngidle kumbe nginathe okuthile, kodwa umbuzo omkhulu yikuthi kungaba yini?"

Ngempela, umbuzo omkhulu bekuyikuthi: "Yintoni yona leyo?" U-Alice wathi thalathala ngapha langapha wabona egqagqelwe ngamaluba kanye lotshani, kodwa akukho okwakukhanya kudleka kumbe kunatheka. Wathi ethi mehlo suka wabona kukhula ikhowa elikhulu eceleni kwakhe, selilikhulu okulingana laye. Wathi eselilunguze ngaphansi, walikhangela lemaceleni alo, wabona kufanele ukuthi alihlole langaphezulu.

Waqoqomela-ke walunguza ngaphezu kwalo ikhowa. Habe! Amehlo akhe athi ngqwa lawecimbi eliluhlaza lihlezi phezulu, ligoqe izingalo, lizibhemela ingidi yalo kancane kancane, lingamnakile. Calaceleni!

Iseluleko seCimbi

UCimbi lo-Alice bagqolozelana okwesikhathi kunge-kho okhulumayo, ekucineni uCimbi wakhipha ingidi yakhe emlonyeni, wasekhuluma ngelizwi elidiniweyo angathi usebuthongweni.

"Ungubani-ke *wena?*" kutsho uCimbi.

Hayi bo, akusiyo ndlela enhle yokuqala ingxoxo le! Ngakho u-Alice waphendula engahlalisekanga, ephethwe zinhloni, wathi, "Angilasiqiniseko okwamanje, Mnumzana, kodwa ngiyazi ukuthi bengingubani ngesikhathi ngivuka ekuseni. Kusobala ukuthi ngiguquguquke kanengi kusukela ngaleso sikhathi."

"Utsho ukuthini ngalokho?" kutsho uCimbi ngolunya. "Ake uzicacise!"

"Ngilusizi, Mnumzana," kutsho u-Alice, "lami ngiyehluleka ukukuchazela, kodwa lawe uyazibonela nje ukuthi angisuye lowaya ebenginguye."

"Cha bo! Mina angiboni!" kwatsho uCimbi.

"Ngempela kunzima ukuthi ngikuchasise kanjani," waphe-ndula u-Alice ngokuzithoba okukhulu. "Lami nje angizwisisi ukuthi ngiqale ngaphi, ngoba ukuguquguquka ubukhulu kanengi ngelanga elilodwa kuyaphica kakhulu."

"Cha, akunjalo," kutsho uCimbi.

"Mhlawumbe wena awukaze wehlelwe yinto enje," kwatsho u-Alice, "kodwa mhla uzaguquka ube yisiphungumangathi—vele lokho kuzokwenzeka ngelinye ilanga—ubuye uguquke ube livevane, lawe uzophiceka njengami, angithi?"

"Ngeke, ngitsho lakancane," kutsho uCimbi.

"Mhlawumbe eyakho imizwa ayifani leyami, kodwa mina angisoze ngizizwe kahle."

"Wena!" kubuza uCimbi ngokudelela nje. "Kanti vele ungubani *wena?*"

Lowo mbuzo-ke wababuyisela lapho ababeqale khona ingxoxo yabo. U-Alice wazizwa ecunuka ngenxa yokwenza kukaCimbi, ukube ephosa amazwana ambalwa. Ngakho waphakama kancane, wathi ngelizwi elilesisindo, "Ngicabanga ukuthi nguwe okumele ungitshele ukuthi wena ungubani kuqala."

"Utsho ngani?" kubuza uCimbi.

Nanku omunye umbuzo odidayo, phela u-Alice wayengelasizatho esisuthisayo, kanti njalo loCimbi lo wayesebukeka engasakhululekanga emoyeni. Ngakho u-Alice wafulathela wahamba.

"Hayi bo, buya!" kumemeza uCimbi. "Kulento eqakathekileyo engifuna ukukutshela yona."

Lokho kwamupha ithemba u-Alice, waphenduka wabuyela emuva.

"Yehlisa umoya," kwatsho uCimbi.

"Yikho lokho ongiphendukisela khona?" wabuza u-Alice, ezibamba, ezama ngamandla onke ukuvala ulaka lwakhe.

"Cha," kutsho uCimbi.

Lapho-ke u-Alice wazitshela ukuthi kuhle alinde ezwe lokho okwakutshiwo nguCimbi. Phela wayengelani eqakathekileyo yokwenza kanti njalo mhlawumbe uCimbi wayezakhuluma into engamnceda. Kwedlula imizuzwana uCimbi eselokho ephafuza ingidi yakhe, engatsho lutho. Wacina ngokuvula ingalo zakhe ezazigoqiwe, wakhipha ngidi emlonyeni, qede wathi: "Manje ucabanga ukuthi usutshintshile?"

"Ngeshwa, Mnumzana, ngibona njalo," kutsho u-Alice, "Angisazikhumbuli ngitsho izinto ebengizazi kuqala, futhi angikwazi ukuhlala lobukhulu obuthile okwemizuzu elitshumi."

"Yizinto bani ongasazikhumbuliyo?" kubuza uCimbi.

"Njengokuthi nje ngike ngazama ukuthi: '*Ingwenya encane*,' kodwa akuphumi ngendlela engiyaziyo, kumane kwehluka nje!" kuphendula u-Alice ngelizwi elilosizi.

"Tshono emva kwami, uthi, '*Usugugile, Malume Mangilazi*'," kutsho uCimbi.

U-Alice wabamba izandla zakhe, qede waqala wathi:—

"Usugugile, Malume Mangilazi," kwatsho ijaha elisaqinile,
"Inwele zakho sezimhloph' ekhanda.
Kodwa usaphikelela uqinisa ngekhanda—
Ucabanga ukuthi kusakufanele umdala kangaka?"

"Ebutsheni bami," kutsh' uMalume uMangilazi kumzukulu,
"Ngangisesaba ukuthi kuzongilimaz' ingqondo;
Kodwa manje ngileqiniso lokuth' angilazo,
Ngakho ngizokwenza ngiphindaphinde."

"*Kodwa usugugile,*" *kutsho intsha,* "*Njengoba segitshilo nje,*
Wakhula wakhuluphala okwedlulise amalawulo;
Kodwa utshay' usabhenq' emnyang—
Akutsho, kwenziwa yini lokho?"

"*Ebutsheni bami,*" *latsho ikhehla lilungisa amangilazi alo,*
"*Ngangisidla izilimo, imibhida lezithelo*
Abanye besidla inyama kodwa inengi sebafa,
Funda kimi, wekele izinto zemzini."

*"Usugugile" kutsho intsha, "imihlath' ibuzana amavuko,
Ngek' uhlafune lani na eqine ukwedlula amahwahwa,
Izizukulwane azisabuboni ubuqhawe bakho, kodwa uthi
    awuyi ndawo;
Akungitshele, ukwenzelani khona lokhu?"*

*"Ebutsheni bami," kwatsho umalume," Ngafunda
    ngezobuzwe,
"Ngatshuka abezizwe labathengisi;
Bangithanda abantu bami,
Khathesi sebethanda lomkami.*

"Usugugile" kwatsho umzukulu, "umuntu angeke akholwe
Ukuthi wawuliqhawe,
Wawuthandwa ngabantu bonke,
Kodwa yini ungaziphumuleli nje?"

"Sengiphendul' okuthathu, sekwanele,"
Kwatsho umalume;"Ungaziqakisi!
Ucabanga ukuthi ngizakulalela ilanga lonke?
Nyamalala, funa ngikukhahlele njengabanye bakho."

"Cha, akutshiwo njalo," kwasho uCimbi.

"Ngempela akuphumi kahle," kwatsho u-Alice, elovalo, "amanye amagama asetshintshile."

"Konakele kusukela ekuqaleni kwaze kwayafika ekucineni," kutsho uCimbi ngokungathandabuzi. Kwedlula imizuzwana kuthe cwaka.

UCimbi nguye owakhuluma kuqala.

"Vele wena ufuna ubukhulu obungakanani?" watsho esebuza.

"Cha, mina angikhathali kangako ngobukhulu," kutsho u-Alice masinya; "into engingayithandiyo yikube ngiguquguquka. Uyabona-ke?"

"Angiboni lutho," kwatsho uCimbi.

Wathula zwi u-Alice ngokuphelelwa: wayengakaze aphikiswe ngale indlela. Uthule nje uyezwa ukuthi uqumbile ngentukuthelo.

"Usuthisekile-ke manje?" kubuza uCimbi.

"Cha bo, Mnumzana. Bengingajabula ngabe ngithe thuthu kancane, nxa lokho kungasiyo inkinga," kutsho u-Alice: "Ukuba nguduze lomhlaba, amafidi amathathu, bubude obungajayelekanga."

"Yibude obuhle kakhulu lobo!" kwatsho uCimbi ngentukuthelo; ephakama esima mpo (lalingamafidi amathathu).

"Mina angikujayelanga ukuba ngaka," wakhalalaza ngelizwi elihawulayo u-Alice. Waze wazicabangela ngaphakathi: "Sengathi izinanakaza zingafunda ukungabi lenhliziyo encane kangaka!"

"Hayi-ke, uzovele ujayele nje ngokuhamba kwesikhathi," watsho uCimbi ethatha ingidi yakhe eyifaka emlonyeni, eqhubeka eyiphafuza.

Lapho-ke u-Alice walinda ngokubekezela, elinde ukuthi aze akhulume phela yena uCimbi. Ngemva kwemizuzu engaba mibili, uCimbi wayikhipha ingindi emlonyeni, wazamula kabili, abuye azinyikinye. Qede wehla ekhoweni, wafuquzela ezihuqa ngesisu phansi engena etshanini, engunguna esithi: "Elinye icele lizokwenza ukhule ube mude, kanti elinye lizokwenza ube mfitshane."

"Icele elilodwa lani, lelinye elani?" watsho ngaphakathi ezicabangela u-Alice.

"Icele lekhowa," kutsho uCimbi, engathi u-Alice ubebuze waphumisela. Ngomzuzwana nje wayesenyamalele uCimbi.

Wasala okwesikhatshana u-Alice egqolozele ikhowa ngomcabango ojulileyo, ecabanga ukuthi kambe yiwaphi lawo macele ekhowa njengoba liyindilinga nje. Umbuzo lo wawunzima. Ekucineni welula izingalo zakhe zaligombolozela ikhowa, wasehlephuna ucezwana ngesandla ngasinye empethweni nxazonke.

"Yikuphi-ke okuyikho manje?" wazibuza ecabanga ngaphakathi, eluma ucezu olungakwesokudla, efuna ukubona okuzokwenzeka kuye. Mamo! Wezwa etshayeka kabuhlungu ngesilevu phansi enyaweni!

Yamethusa kakhulu inguquko le, kodwa waqaphela ukuthi isikhathi sasidliwa ngumangoye ngoba wayefinyela ngesiqubu esikhulu. Ngakho wavele waluma olunye ucezu lwangakwelinye icele. Isilevu sakhe sasesithe gxi enyaweni engasanelisi lokuvula umlomo. Ekucineni wanelisa ukuwuvula umlomo, walulontshela ucezu lwekhowa olwalungakwesokunxele.

"Halala, ikhanda lami laze lakhululeka ekucineni!" kwatsho u-Alice ngelizwi eligcwele injabulo, kodwa injabulo le yaphanga yaba yikwesaba lapho enanzelela ukuthi wayengasela mahlombe. Wathi nxa ekhangela phansi wabona eselentamo yentundla eyayithutsha phakathi kwamahlamvu aluhlaza tshoko phansi khonale.

"Ngabe kuyini konke lokhuya okuluhlaza?" kubuza u-Alice.

"Kanti wona amahlombe ami atshone phi? Hawu, izandla zami zona kungani ngingaziboni?" Ukhuluma nje uyazinyi-kinya, ezinyikinya kodwa sengathi akwenzeki lutho, ebona ukunyakaza phansi khonale emahlamvini aluhlaza.

Njengoba kwasekungathi izandla zakhe azisafinyeleli ekhanda lakhe, wazama ukuthi ikhanda kube yilo elehlayo liye ezandleni, wakuthokozela ukuthi intamo yakhe iyakwazi ukugoba kalula iye noma yikuphi lapho athanda ukuyigo-bisela khona, xathu okwentamo yenyoka. Wayesanda kugobisa intamo yakhe yaba ngamavinqovinqo amahle, eselungela ukufaka ikhanda emahlamvini, kodwa wabona ukuthi amahlamvu la kusenqongeni yezihlahla ayekade ezulazula ngaphansi kwazo. Lapho-ke wezwa umsindo ohwa-bhayo, okwamenza wabuyisela intamo yakhe ngokuphangisa. Kakuyinkwilimba enkulu eyayindiza iphaphazela ngama-phiko ayo ebusweni bakhe, imphaphatha kabuhlungu.

"Nyokandini!" kwakhwaza uNkwilimba.

"Hayi mani, angisiyo nyoka mina!" kutsho u-Alice ngoku-kucunuka, "Hlukana lami!"

"Nyokandini, ngiyaphinda!" kuphikelela uNkwilimba nge-lizwi eliphansi, sengathi uyakhala. "Sengenze yonke imiza-mo, kodwa akula ngitsho osebenzayo!"

"Angazi ukuthi ukhuluma ngani!" kutsho u-Alice.

"Ngizame empandeni zezihlahla, ngazama emakhunjini emifula, ngazama lasentangweni," waqhubeka uNkwilimba engamnaki u-Alice, "kodwa lezi izinyoka ziyangilandela! Akulanto ezenelisayo!"

Waqhubeka edideke kakhulu, kodwa kwabasobala ukuthi akusoze kumncede ukukhuluma uNkwilimba aze aqede akutshoyo.

"Angani akwenelanga ukuchamisela amaqanda," kutsho uNkwilimba; "kufanele ngihlale ngiqaphele inyoka ebusuku lemini! Hawu bakithi, sengiqede amaviki amathathu ngingawavulile amehlo, angisabazi ubuthongo!"

"Ngilusizi ngokucaphuka kwakho," kutsho u-Alice, laye eseqala ukuyizwisisa indaba.

"Lalapho sengakhele esihlahleni eside kulazo zonke kuleli hlathi," aqhubeke uNkwilimba, atsho ekhweza lelizwi lize lingathi liyatsha, "ngizitshela ukuthi sengize ngehlukana lazo, zona sezithutsha zivela esibhakabhakeni! Nx! Inyoka lezi!"

"Kodwa mina angisiyo nyoka, ngiqinisile ngempela!" kwatsho u-Alice. "Mina ngi—, ngiyi—"

"Pho uyini?" kubuza uNkwilimba. "Ngiyakubona ukuthi usuzama ukuphuma leqhinga lokungiqila."

"Ngi—ngiyintombazana nje," kutsho u-Alice, esitsho ngokuthandabuza ngenxa yokukhumbula ukuguquguquka asedlule kukho ngosuku lunye nje.

"Laze lalihle iqhinga lakho!" watsho uNkwilimba ebhuqa. "Sengibone amantombazana amanengi kakhulu ngingaka, kodwa phinde ngibone elentamo ende njengeyakho. Manga! Wena uyinyoka; futhi sukuzihlupha ngokuphika. Ngeke ngimangale nxa usungitshela ukuthi awukaze uwadle lamaqanda!"

"Ngempela amaqanda ngiyake ngiwadle," kutsho u-Alice. Phela yena wayeyingane ezithandela iqiniso. "Kanti vele lawe uyazi ukuthi amantombazana ayawadla amaqanda njengenyoka."

"Angikukholwa lokho," kwatsho uNkwilimba. "Nxa kunjalo-ke kutsho ukuthi amantombazana lawo aluhlobo lwenyoka, akukho okunye engingakutsho."

Lo kwakungumbono omutsha ku-Alice, umbono owamenza wathula okwesikhashana. Lokho kwanika uNkwilimba ithuba lokwengeza ngokuthi: "Usuthalaza wona njalo amaqanda, ngikwazi kahle lokho manje. Kwenza mahluko bani-ke kimi ukuthi uyintombazana kumbe inyoka?"

"Umehluko mkhulu kimi," kutsho u-Alice ngokushesha; "kodwa angidingi wona amaqanda mina, futhi loba bengiwadinga, bengingeke ngifune wona awakho ngoba angiwadli amaqanda aluhlaza."

"Nxa kunjalo-ke suka lapha!" kwatsho uNkwilimba ekhonona, esehlala ezinza esidlekeni sakhe. Lo-Alice waqhubeka etshona phansi phakathi kwezihlahla ngamandla akhe onke, phela intamo yakhe yayilokhe ibajwa zingatsha. Ngakho kwakufanele ukuthi abe elokhe ezikhulula. Ngemva kwesikhathi wakhumbula ukuthi wayelokhe ephethe incezwana zekhowa. Ngakho wahlela ukuthi enze into yakhe ngobunono obukhulu, waqala ngokuluma kancane lelo elalisesandleni sokunxele, wabuye waluma ngokufanayo elikwesokudla. Lokho kwenza ukuthi akhule, abemude kumbe abemfitshane. Waqhubeka ekwenza lokho waze wabuyela ebudeni bakhe bangempela.

Kwasekuyisikhathi eside ecine ukuba sebukhulwini bakhe bangempela, okwenza ukuthi ake angazizwa kahle ekuqaleni, kodwa waphanga wajayela ngesikhatshana. Watsho-ke esekhuluma yedwa ngokwemvama: "Halala! Ingxenye yeqhinga lami ifezekile manje! Hayi, kodwa ziyadida-ke lezi nguqunguquko! Angisakwazi ukuthi ngizoguquka ngibe yini umzuzu ngomzuzu! Loba kunjalo, sengibuyele ebukhulwini bami manje, sekufanele ngibuyele kulesileya sivande esihle—lanxa ngingakwazi ukuba kuzofezeka kanjani lokho." Eqeda kuphumisela lawa, wazibona esethutshele egcekeni elilendlwana engaba ngamafidi amane ukuya phezulu. "Kazi ngubani ohlala lapha," kucabanga u-Alice. "Akusoze kungisize ukudibana laye ngikulesi simo. Phela kufanele ngimethuse!" Waseqala ukudla kancane ikhowa langakwesokudla, akazange alinge ukusondela endlini engakafinyeli waba ebudeni bakhe obufaneleyo.

ISAHLUKO VI

Ingulube lebilebile

Wayeseme okomzuzu kumbe engaba mibili ebuka indlu, esidla amathambo engqondo ngenyathelo ayengalithatha. Kusenjalo-ke kwathutsha isikhonzi ehlathini sigijima sigqoke impahla zomsebenzi—(u-Alice waye wacabanga ukuthi yisikhonzi-nje ngenxa yempahla ayezigqokile, kodwa ngokukhangeleka kwakhe ebusweni wayengavele athi yinhlanzi kungabi ndabazalutho)—safika saqoqoda kakhulu emnyango. Kwavula esinye isikhonzi laso sigqoke impahla zomsebenzi, kodwa lesi sona sasilobuso obuyindingiliza lamehlo amakhulu njengawedlamehlo. U-Alice wananzelela ukuthi womabili la madoda ayephucile amakhanda awo ecazimula. Wafisa kakhulu ukubona okwakuhlosiwe, wanyonyoba esondela, ephuma ehlathini ukuze alalele ukuthi amadoda la ayekhulumani.

Isikhonzi esisanhlanzi sahwatsha incwadi enkulu, ubukhulu bayo obuphose bulingane lobaso, sayiqhubela esinye sikhuluma ngezwi elizothileyo sisithi: "Yisimemo esivela ku-Ndlovukazi, simema iNkosazana ukuba bazodlala igolufu."

Isikhonzi esisadlamehlo laso sawaphinda ngelizwi elizothileyo lamazwi, kodwa siwatshintsha nje kancane: "Sivela kuNdlovukazi, simema iNkosazana ukuba bayokudlala igolufu."

Zakhothamisa amakhanda izikhonzi zombili, amakhanda azo acazimulayo ainwele zawo zazo zaze zabophana.

U-Alice wafa ngensini ebona lesi simanga, waze wabuyela ngesiqubu ehlathini esesaba ukuthi zazizamuzwa. Uthe eselunguza esephakathi kwezihlahla wabona ukuthi isikhonzi esisanhlanzi sasesihambile, esinye sesihlezi phansi eceleni komnyango, sigqolozele isibhhakabhaka okwesiphukuphuku.

U-Alice waqonda emnyango kodwa ephethwe luvalo, wafika waqoqoda.

"Ukuqoqoda akusoze kukuncede ngitsho lakancane," satsho isikhonzi, "ngenxa yezizathu ezimbili: okokuqala, mina ngiseceleni linye lomnyango njengawe, ngaphandle. Okwesibili, kulomsindo omkhulu lapha ngaphakathi, ngakho akula muntu ozakuzwa ukuqoqoda kwakho." Ngempela wawumkhulu umsindo owawuvela ngaphakathi. Kwakumenyezwa ngamazwi aqongileyo, kuthinyulwe njalo-nje, kubuye kuzwakale ukuphahlazeka lokucacadeka okungathi ngokwemiganu kumbe amagedlela.

"Ake ungincede-ke wena," kutsho u-Alice, "pho ngingangena kanjani ngaphakathi?"

"Khona ukuqoqoda kwakho bekungasiza," siqhubeke isikhonzi singamnaki lokumnaka, "ngabe mina lawe besahlukaniswe ngumnyango. Angithi nje mina, ngabe wena ubungaphakathi, kade uzaqoqoda, mina ngikuvulele-ke ubusuphuma." Ngaso sonke lesi sikhathi sikhuluma isikhonzi, sasikhangele phezulu esibhakabhakeni. U-Alice wakubona lokhu njengokungaphucuki. "Mhlawumbe njalo ayikho into angayenza," wacabanga u-Alice, "Njengoba lamehlo akhe ethe tuzu phezu kwekhanda. Kodwa noma kunjalo, kufanele akwazi ukuphendula imibuzo." Watsho ephumisela: "Ngingangena kanjani phakathi?"

"Mina ngizohlala lapha ngaphandle kuze kube kusasa—" kwaphendula isikhonzi.

Ngalowo mzuzu umnyango wavuleka, kwathutsha umganu omkhulu ngesivuthevuthe uqonde ngqo ekhanda lesikhonzi, wadla ingxenye yekhala ungakayi cacadeka ekutshayaneni kwawo lesinye sezihlahla esasingemva kwesikhonzi.

"—mhlawumbe njalo kusisa," saqhubeka isikhonzi ngephimbo laso nje sengathi akuzange kwenzeke lutho kuso.

"Ngingangena kanjani-ke?" waphinda u-Alice esekhweze ilizwi.

"Ngabe uyafuna ukungena ngaphakathi ngempela?" kubuza isikhonzi. "Lo yiwo umbuzo wokuqala lowo,"

Kwakusobala khona lokho, into nje lelo kwakuliqiniso u-Alice ayengafuni ukulitshelwa. "Iyanenga-ke into le," watsho engunguna, "inkani yazo zonke lezi zinanakazana ingamsanganisa umuntu!"

Isikhonzi sabona kulithuba elihle lokuthi siphinde lokho ekade sesikukhulume ngendlela ezinengi, ngakho sathi: "Ngizobe ngihlezi lapha, ukusa kwamalanga."

"Pho-ke mina ngiza kwenza njani?" wabuza u-Alice.

"Laloba yini ofuna ukuyenza," kutsho isikhonzi, qede sazitshayela umlozwi.

"Cha, yikumotsha isikhathi ukukhuluma lomuntu lo," kwatsho u-Alice esekhathazekile, "ngumuntu abantu bengekho lo!" Watsho evula umnyango engena.

Umnyango wavulekela emkulwini omkhulu, intuthu ibambe nki phakathi. INkosazana yayihlezi phakathi laphakathi esihlalweni esilenyawo ezintathu, ithuthuzela usane, kukhona lompheki owayekhothamele eziko egoqoza inkunzi yembiza eyayibonakala sengathi igcwele umhluzi.

"Sengathi kulebilebile elinengi kulowaya mhluzi!" etsho ekhuluma yedwa u-Alice, sikhathi sinye ethimula.

Ngempela laligcwele ibilele, ngitsho lasemoyeni lapha endlini lalibambe nki. INkosazana layo yayilokhu ithimula; angisakhulumi ngosane, lwalutshintshanisa umkhosi lokuthimula njalo nje. Zimbili qha izidalwa ezazingathimuli lapha emkulwini, kwakungumpheki lomangoye omkhulu owayezicambalalele eceleni kweziko emamatheke kakhulu.

"Ngicela lingitshele," kwatsho u-Alice ngokwesaba, ngoba wayengelaqiniso ukuba kwakufanele yini ukuthi akhulume kuqala, "kwenziwa yini ukuba umangoye wenu amamatheke kanje?'

"Ngumangoye waseHarare," kutsho iNkosazana, "yilesoke isizathu. Ngulube!"

INkosazana yatsho ilizwi lokucina ngomfutho lolaka, okwenza lo-Alice eqe kanye ngokwethuka. Kodwa kungekudala waphanga wabona ukuthi leli lizwi laliqondiswe osaneni, hatshi kuye. Ngakho waqunga isibindi waqhubeka esithi:—

"Bengingazi ukuthi omangoye beHarare bahlala bemamatheka, ngempela lokuthi vele bakhona omangoye abamamathekayo."

"Bonke omangoye bangamamatheka," kutsho iNkosazana, "vele inengi labo liyakwenza!"

"Mina angibazi abamamathekayo," kutsho u-Alice ngokuzithoba, esethabela ukungena engxoxweni.

Akukunengi okwaziyo," kusho iNkosazana, "leli liqiniso elimsulwa."

U-Alice akalithandisisanga iphimbo lalamazwi eNkosazana, wacabanga masinyane ukuthi sekulithuba lokuba atshintshe inkulumo. Uthe esathathisisa umqondo, ecabanga ayengakutsho, umpheki wephula imbiza yomhluzi eziko, kusenjalo waqala ukujikijela iNkosazana losane ngaloba yini ayeyifinyelela—kwaqala ngendlawu zokukhwezela umlilo, kwalandela amapane, imiganu lezinditshi. Phinde nje ikunanze konke lokho iNkosazana, ngitsho lalapho lezo zinto ezazijikijelwa zinetha phezu kwayo. Kodwa usane lwaluhlaba umkhosi, ungabe usazi kumbe luyazikhalela kumbe lutshaywe ngezinye zalezo zinto.

"Hayi-bo! Khangela ukuthi wenzani," wakhonona u-Alice, egxumagxuma ngenxa yobuhlungu lokwesaba. "Khangela! Uphose wasubula ikhala losana lwenkosi!" watsho njalo u-Alice lapho ipane enkulu okumangalisayo idlula indiza eceleni.

"Ngabe wonke umuntu unaka indaba zakhe (ayeke ezabanye)," kwatsho iNkosazana ngelizwi elihelezayo eligcwele ulaka, "ngabe umhlaba ujikeleza ngesiqubu esikhulu, ngabe impilo imnandi."

"Lokho lakho yinto ebingasoze incede abanye abantu," kutsho u-Alice ejabulela ithuba lokuziqhenya ngolwakhe ulwazi oluncane. "Ake ucabange nje ukuthi umhlaba ubungenzani ngemini lobusuku! Phela, ubona nje umhlaba uphenduka amahola angamatshumi amabili lane ensikeni yawo—"

"Esakhuluma ngensika nje," kutsho iNkosazana, "yephula intamo yakhe ikhanda liyewela kude le!"

U-Alice wathi jeqe kumpheki ngokukhathazeka, efuna ukubona ukuthi ngabe uyakwamukela yini lokhu okutshiwo yiNkosazana; kodwa umpheki wayematasatasa egoqoza umhluzi, ebukeka engayinanzi inkulumo yeNkosazana. Waseqhuba-ke u-Alice ethi: "Umhlaba ujikeleza ensikeni yawo amahola angamatshumi amabili lane, uma ngicabanga; kumbe litshumi lambili? Ngi—"

"Cha, sukuzihlupha ngalokho!" kwatsho iNkosazana, "Angilasikhathi lenombolo mina!" Watsho lokho qede waqhubeka ngokuthuthuzela usane lwakhe, ecula umlolozelo,

kodwa ekupheleni komugca womlolozelo, alukhuhluze
ngamandla amakhulu:—

Khuluma ngolaka emfanyaneni wakho,
Umbethe nxa ethimula,
Uthimula ngob' efuna ukukuhlokoza
Ngokuba uyazi ukuthi kuzokucaphula.

IKHORASI
(Kungenela usane lompheki):—
"Howu! howu! howu!"

Ngesikhathi iNkosazana isicula indima yesibili, yaphosa
ingane ngamandla phansi laphezulu. Yasiqhinqa isililo
ingane, u-Alice waze wacina engasezwa lenhlamvu zengoma
eculwayo—

Ngikhuluma ngolaka emfaneni wami,
Ngiyambetha nxa ethimula;
Ngoba uyalikhwabitha kakhulu
Ibilebile nxa ethanda.

IKHORASI
"Howu! howu! howu!"

"Mina, thatha! Lawe ungamthuthuzela kancane, nxa
uthanda!" kwatsho iNkosazana ku-Alice, itsho nje iluphosela
ku-Alice usane. "Kufanele ngihambe ngiyolungiselela ukuya-
dlala igolufu leNdlovukazi," yatsho iphuma ngokushesha
endlini. Yathi iphuma umpheki wayilandelisela ngepani
yokukhanzinga, kodwa yayisiphume yalala ngekhona.

Lo-Alice walubamba kalukhuni usane, ngoba lalo lwalu-
yisinanakazana esilesimo esitshekileyo nje, silemilenze

65

lengalo eziphuma macele wonke. "Lubukeka njengenhlanzi-
nkanyezi," kucabanga u-Alice. Lolu sane lwaluvutha bhe
okwesitimela samalahle, lapho eyamukela, kanti njalo lwalu-
lokhu lukhula futhi luzelula. Kwamthatha isikhatshana
ukuthi aze alubambe kahle.

Uthe esethole icebo lokuluphatha (okwakuyikulubopha
lube lifindo, abesebopha indlebe yangakwesokudla eyihla-
nganisa lonyawo lwangakwesokunxele, ukuze lungenelisi
ukuzikhulula), waseluthwala ephuma lalo phandle emoyeni.
"Nxa ngingaluthathi lolu sane ngihambe lalo," kucabanga u-
Alice, "nakanjani bazolubulala ngosuku kumbe ezimbili.
Ngeke yini ngithathwe njengombulali lami nxa ngilutshiya
kulesi simo?" Wawatsho la mazwi okucina ephumisela,
kwaze kwamvumela lokulusane ngokubhonga (kwakunga-
sathimuli manje). "Musa ukubhonga wena," kutsho u-Alice,
"akuyona indlela enhle yokuzikhulumela leyo!"

Lwaphinda lwabhonga futhi usane, u-Alice wabuka ubuso
balo ngokukhathazeka, ezama ukuqonda ukuthi luphethwe
yini. Wathi nxa eluhlolisisa wabona ukuthi ikhala lalo liqa-
phele phezulu, lamehlo alo ayesemancane kakhulu kulawo-
sane. Masinyane nje u-Alice akayithandanga indlela eya-
yibukeka ngayo into ayeyiphethe. "Mhlawumbe kwenziwa
yikuthi luyakhala," kucabanga u-Alice ephinda elukhangela
emehlweni, efuna ukubona ukuthi zikhona yini izinyembezi.

Cha, zazingekho izinyembezi. "Nxa uzama ukuguquka ube
yingulube, wethu," kutsho u-Alice egcizelela, "ngeke ngihlale
lawe mina. Ube uyangizwa kahle!" Lwaphinda lwabhonga
njalo usane (Loba lwalukhala, kwakunzima ukuqiniseka
okwakuyikho). Ngemva kwalapho bahamba okwesikhathi
kuthule zwi.

U-Alice wayesezidla izibindi: "Manje ngizasenzani na lesi
sidalwa ngingafika ekhaya?" Lwabuye lwabhonga kakhulu,
waze walukhangela emehlweni ngokwesaba okukhulu.
Ngaleso sikhathi kwakungasekho ukuthandabuza ukuthi

wayephethe ingulube. Kwavele kwamcacela nje ukuthi kwakungafanelanga aqhubeke eyiphethe into le.

Wasesibeka phansi lesi sinanakazana, wakhululeka lapho esibona sigijigijima singabangi msindo, sisiyasithela ezihla- hleni. "Ukuba besesikhulile," kutsho yena, "besizaba yingane embi impela: kodwa-ke sibukeka siyingulube enhle." Wase- cabanga ngezinye ingane azaziyo, okungazifanela ukuba zingulube, wazizwa esekhuluma yedwa esithi: "Ngabe nje bengingathola indlela yokuziguqula—" Wasesethuswa yikubona uMangoye waseHarare ehlezi phezu kogatsha lwesihlahla amanyathelo ambalwa phambi kwakhe.

UMangoye wamamatheka lapho ebona u-Alice. "Ukhanya elomusa," kucabanga u-Alice: lanxa kunjalo wayelenzipho ezinde lamazinyo amanengi kakhulu. Ngakho-ke wabona kungcono ukuthi amphathe ngenhlonipho.

"We Kitty waseHarare," waqala ngephimbo elilovalo ngoba waye-ngaqinisekanga ukuthi umangoye uzathanda ukutotozwa, kodwa zaqhela njalo izihlathi zika-Mangoye. "Alala! Uyabobotheka," wacabanga u-Alice. Waseqhubeka ethi: "Ungangilayela ukuthi ngi-hambe ngiqonde ngaphi njengoba sengilapha?"

"Phela kuya ngokuthi wena ufuna ukuya ngaphi," kutsho uMa-ngoye.

"Angikhathali ukuthi ngiya-phi—" kutsho u-Alice.

"Nxa kunjalo-ke akukhathalekile ukuthi uqonda ngaphi!" kutsho uMangoye.

"—inqe nje nxa kukhona lapho engiya khona," etsho u-Alice ezama ukuchaza ngokucacileyo.

"Kuzokwenzeka-ke lokho," kutsho uMangoye, "nxa ungahamba njalo uqonde le phambili okomango omude.

U-Alice waphikelela ngoba engafuni ukuvinjelwa ezinhlosweni zakhe, ngakho-ke wabuza omunye umbuzo wathi: "Ngabantu abanjani abahlala laphaya?"

"Ngale," kutsho uMangoye, ekhomba ngesandla sokudla, "kuhlala imbila uMakepesi; ngapha khona," esekhomba ngesinye isandla, "kuhlala uMvundla Wezibomvini. Ungahambela lawuphi wabo omthandayo, iqiniso nje yikuthi bonke bayazihlanyela."

"Kodwa mina angifuni ukuhlala labantu abahlanyayo," kuphendule u-Alice.

"Ngilusizi, awukwazi ukukuguqula lokho; kunjalo nje," kutsho uMangoye, "sonke lapha siyazihlanyela. Ngiyahlanya, lawe uyahlanya, kunjalo nje."

"Wazi kanjani ukuthi ngiyahlanya mina?" kubuza u-Alice.

"Kusobala ukuthi uyahlanya," kutsho uMangoye, "phela ubungasoze uze lapha enhlanyeni wena ungahlanyi."

U-Alice akazange avumelane lengcazelo kaMangoye emdibanisa lenhlanya. Ngakho waqhubeka esithi: "Wena wazi ngani ukuthi uyahlanya?"

"Okokuqala nje," kutsho uMangoye, "inja yona, ayihlanyi. Ngabe uyakuvuma lokho na?"

"Ngicabanga njalo," kutsho u-Alice.

"Nxa kunjalo-ke," kuqhuba uMangoye, "uyabona inja ihwabha nxa ithukuthele, qede itshikize umsila wayo nxa ithabile. Kodwa mina ngihwabha nxa ngithabile, besengitshikiza umsila nxa ngithukuthele. Kutsho ukuthi ngiyahlanya-ke."

"Cha, mina lokho ngikubiza ngokuthi yikuhoqa nje, akusikho kuhwabha," kutsho u-Alice.

"Kunjalo phela, wena ungakubiza langaliphi igama olithandayo," kwatsho uMangoye. "Uzabuya kodwa uzodlala igolufu leNdlovukazi namhlanje?"

"Bengingathanda kakhulu ukuza," kutsho u-Alice "kodwa angimenywanga."

"Usuzangifica khona-ke mina!" kutsho uMangoye enyamalala njalo.

U-Alice akumangalisanga ngitsho lokhu kunyamalala, ngoba vele wayesezejwayele lezi zimanga eziphicayo. Uthe esakhangele lapho ayehlezi khona uMangoye watshaya umazivelela futhi.

"Ake utsho, kanje kwenzekeni osaneni?" kutsho uMangoye, "Ngiphose ngalibala ukubuza."

"Luphenduke lwaba yingulube," waphendula ngelizwi elipholileyo, esenza angathi uMangoye wayebuye wavela ngendlela engamangalisiyo.

"Lami bengicabanga ukuthi kuzoba njalo," kwatsho uMangoye, qede wanyamalala njalo.

Walinda kancane u-Alice, ecabanga ukuthi angabuye avele futhi, kodwa phinde. Kwathi ngemva kwesikhashana nje wazibona esehamba eqonde lapho okuthiwa kuhlala khona uMvundla Wasezibomvini. "Sengike ngambona uMakepesi," watsho ekhuluma yedwa, "kodwa kumele kujabulise kakhulu ukubona uMvundla Wezibomvini, mhlawumbe njengoba lapha kusezidakeni nje, uzobe engasahlanyi njengoba uhlanya atshaye uthuli nxa esezibomvini." Uthe nje nxa eqeda ukutsho la mazwi, wakhangela phezulu, wabona uMangoye echophile egatsheni lwesihlahla.

"Kanje uthe 'yingulube' noma 'yinkiwane'?" kubuza uMangoye.

"Ngithe 'yingulube'," kuphendula u-Alice, "lawe ake wekele ukube ulokhu uvela ubuye unyamalale masinya kangaka. Ungenza ngibe lesiyezi!"

"Cha, kulungile-ke," kwatsho uMangoye, enyamalala kancane kancane, eqalisa ngomsila agcine ngokumamatheka, khona okwasala kubonaka okwesikhatshana umzimba usucatshile.

"Hayi-ke, sekukanengi ngibona umangoye ongamamathe-kiyo ngitsho," kucabanga u-Alice, "kodwa ukumamatheka kukamangoye ongekho! Yinsumansumane enkulu le enginga-zange ngayibona selokhe ngathwetshulwa yingwe!"

Akahambanga mango ongakanani, wasethutshela endlini kaMvundla Wezibomvini, wazibonela nje ukuthi ngempela kwakuyiyo ngoba yayilemiphotshongo emise okwamadlebe kamvundla, ifulelwe ngoboya bomvundla obuntofontofo. Kwakuyindlu enkulu kakhulu, ngakho-ke akafunanga ukusondela kuyo engakalumi ikhowa elalisasele esandleni sokunxele ukuze athi ukweluleka athi thuthu kancane. Kodwa lanxa esezikhulisile waqhubeka ehamba elovalo, ezitshela ethi: "Mhlawumbe ngizoyifica ibheda okwamagama imbulu kamvundla, ngabe ngiziyele kuMakepesi!"

Umbhedo wedili letiye

Kwakuletafula elalidekwe kahle ngaphansi kwesihla-hla phambi kwendlu. UMvundla Wezibomvini lomngane wakhe uMakepesi babehleli benatha itiye. Phaka-thi laphakathi kwabo kwakuloMpuku owayezibhudlela ubu-thongo, bona babeyamise indololwane zabo kuye njalo indaba isitsha phezu kwekhanda lakhe. "Kwaze kwanzima ukuba nguMpuku," wacabanga u-Alice; "mhlawumbe njengoba ezilalele kalandaba."

Itafula yayinkulu, kodwa abangane abathathu babe-mineyene ekoneni elilodwa. "Akulandawo! Kugcwele!" batsho nxa bebona u-Alice esiza. "Indawo inengi kakhulu!" kwatsho u-Alice engabananzi, ezilahlela phezu kwesitulo esilengalo zokweyama ngakwelinye icele letafula.

"Asinathe iwayini," amnxuse uMvundla ngelizwi elilomusa.

U-Alice waphosa amehlo amacele wonke etafula, kodwa kwakuletiye kuphela. "Angiyiboni iwayini," achaze u-Alice.

"Yebo ayikho," avume uMvundla Wezibomvini.

"Okutsho ukuthi bekungafanelanga ungibizele leyo wayini," watsho ngokucunuka u-Alice.

"Lawe kade ungafanelanga ukuthi umane uthi gqi lapha, ufike uzilahlele ungazange umenywe," aphindisele uMvundla Wezibomvini.

"Bengingazi ukuthi itafula le ilungiselwe lina kuphela," atsho u-Alice; "ilungiselelwe abantu abadlula abathathu."

"Inwele zakho zifuna ukugelwa," kuqhamuke uMakepesi. Phela wayeselokhe ekhangele u-Alice engathi kukhona akufundayo ngaye, ngakho wayeqala ukuvula umlomo ngemva kokufika kuka-Alice.

"Ungabothanda ukukhuluma indaba ezingaqondananga lawe," atsho u-Alice ngobuhlungu obukhulu: "yikudelela okukhulu ukwenza njalo."

UMakepesi wavula amehlo esizwa lokhu, kodwa kazange atsho lutho ngaphandle kokuthi, "Kungani iwabayi lifana ledeski yokubhalela?"

"Woza lazo! Sekuyisikhathi sokuthi sizijabulele manje!" wacabanga u-Alice. "Ngiyajabula ukuthi sebeqala ukubuza amalibho—ngilethemba lokuthi lami ngingaqagela," watsho ephumisela phandle.

"Utsho ukuthi ungayiqamba impendulo?" wabuza uMvundla Wezibomvini.

"Ngempela," watsho u-Alice.

"Tshono ke ukuthi utshoni," waqhubeka uMvundla Wezibomvini.

"Ngitsho njalo." U-Alice waphendula ngokuphangisa, "ngitsho khonalokho—engikutshoyo phose kuyafana lokucabangayo, lawe uyazi."

"Cha, akufani ngitsho!" kwatsho uMakepesi. "Kufana lokuthi uthi ukuthi 'Ngibona engikudlayo' kufana lokuthi 'Ngidla engikubonayo'!"

"Kufana lokuthi uthi," kwengeza uMvundla Wezibomvini, "ukuthi 'Ngithanda engikutholayo' kufana lokuthi 'Ngithola engikuthandayo'!"

"Kuyafana lokuthi uthi," kwenanela uMpuku, owayengathi ukhulumela kude kwelamaphupho, "ukuthi 'Ngiyaphefumula nxa sengilala' kufana lokuthi 'Ngiyalala nxa sengiphefumula'!"

"Kuyafana konke vele kuwe," kwatsho uMakepesi. Lapho ke ingxoxo yake yema. Bonke bahlala bethe zwi okomzuzwana. U-Alice yena wayelokhe ezama ukukhumbula konke ayekwazi ngamawabayi lamadeski okubhalela, loba nje kwakungenganani.

Ukuthula kwakuvele kuzaqedwa nguMakepesi. "Kanje yiluphi usuku lwenyanga lamuhla?" wabuza ekhangela ngaku-Alice. Wayesekhuphe iwatshi yakhe esambeni, eyikhangela engathi akahlalisekanga, ayinyikinye njalo nje, qede ayisondeze endlebeni yakhe.

U-Alice wathi ukucabanga kancane, qede wathi "Lusuku lwesine."

"Ilahle ngensuku ezimbili!" kwatsho uMakepesi ewisa iphika. "Ngikutshelile ukuthi ibhata leya ibingasalunganga!" wengeza esipha uMvundla ilihlo elibi kakhulu.

"Yiyo ke ibhata ebilunge kakhulu," kwaphendula uMvundla ngokuzithoba.

"Yebo, kodwa engxenye kuwele imvuthu phakathi kwayo," uMakepesi wakhonona: "bekungafanelanga utshiye ingqamu yesinkwa phakathi."

UMvundla Wezibomvini wathatha iwatshi wayikhangela ngokuhlulukelwa; waseyigxumuzela phakathi kwetiye yakhe, waphinde wayikhangela njalo, kodwa waswela amazwi ngaphandle kokuba athi, "Yiyo kanye ibhata ebilungile, lawe uyazi."

U-Alice wayelokhe ekhangelela ngaphezu kwehlombe lakhe ezama ukuqondisisa. "Mhlola bani wewatshi!" watsho ephumisela. "Iyakutshela usuku lwenyanga kodwa ingakutsheli isikhathi!"

"Isikhathi sani?" wahwabha uMakepesi. "Wena eyakho iyakutshela umnyaka?"

"Cha ayikwenzi lokho," u-Alice waphendula masinyane: "kodwa kungenxa yokuthi umnyaka mude, uphela ngemva kwesikhathi eside."

"Kuyafana-ke leyami," watsho uMakepesi.

U-Alice wafikelwa yikudideka okucunulayo. Amazwi ka-Makepesi ayengezwakali, loba nje wayekhuluma isiNdebele. "Angikuzwisisi," wakhuluma ngokukhulu ukuthobeka.

"UMpuku sejunywe yibuthongo njalo," watsho uMakepesi emthontisela itiye etshisayo emakhaleni.

UMpuku wanyikinya ikhanda kakhulu kodwa amehlo elokhe evaliwe, "Ye, khona kanye lami ebengifuna ukutsho."

"Usuyitholile impendulo yelibho?" watsho uMakepesi ekhangelise umbuzo wakhe ku-Alice.

"Hatshi, sengehlulekile," waphendula u-Alice: "Ithini impendulo?"

"Lutho, kumnyama tshu kimi," watsho uMakepesi.

"Lakimi," waphendula uMvundla Wezibomvini.

U-Alice wehlisa iphika ngokukhathala. "Ngicabanga ukuthi isikhathi senu lingasichitha ngcono" watsho lapho esekhuluma, "kulokubuzana amalibho angela mpendulo."

"Nxa sikhuluma ulimi olufanayo," watsho uMakepesi, "kade ungasoze uthi isikhathi. Ubuzakuthi uSikhathi."

"Angisakwazi ukuthi sukhuluma ngani manje," watsho u-Alice.

"Kusobala ukuthi awazi!" watsho uMakepesi enyikinya ikhanda lakhe ngolaka. "Awumazi uSikhathi!"

"Kungabanjalo," wawakhetha kahle amazwi akhe u-Alice: "kodwa ngiyakwazi ukuqakatheka kokubamba isikhathi esifundweni zami zomculo."

"Hawu! Kuyacaca sobala," watsho uMakepesi. "Wayengathandi ukutshaywa. Kodwa ke nxa lizwana, wayengakwenzela laloba yini ewatshini. Isibonelo, ngehola lesitshiyagalolunye ekuseni, ngesikhathi sokuqala izifundo: wawumncweba indlebe nje kuphela, uphondo lwewatshi lwalubhoda ngokuphazima kwelihlo kuhle kube yisikhathi sokudla kwantambama!"

("Sengifisa ukuthi ngabe sesisidla," kwatsho uMvundla Wezibomvini ekhulumela enhliziyweni.)

"Kungaba kuhle kanjani," wacabanga u-Alice: "kodwa angikalambi phela."

"Ekuqaleni mhlawumbe," kutsho uMakepesi: "kodwa nxa ufuna wawungenza ukuthi ime kumizuzu engamatshumi amathathu ngemva kwehola lesinye emini."

"Yiyo na indlela owenza ngayo?" wabuza u-Alice.

Waphendula ngesililo uMakepesi. "Hatshi mina. Saxabana ngoMabasa wanyakenye—engakahlanyi lo—" (ekhombela uMvundla Wezimbomvini ngokhezwana lwetiye) "—kwakulidili elihle leNdlovukazi. Kwakufanele ngicule:

'Phazi, phazi, lulwane umncane!
Kwazi ban' ukuth' uhloseni!'

Mhlawumbe uyayazi lingoma?"
"Sengathi ngake ngayizwa," aphendule u-Alice.
"Iqhubeka kanje," aqhubeke uMakepesi:—

'Uphapha phezulu phezu komhlaba,
Ufane lethala letiye ngaphansi kwesibhakabhaka.
Phazi, phazi—'"

Ngalesi sikhathi uMpuku watshukuza, qede waqala uku-
hlabelela ebuthongweni *"Phazi, phazi, phazi, phazi—"*
waqhubeka njalo okwesikhathi eside baze bamncweba ukuze
athule.

"Phela sasingakaqedi lesiqendu sokuqala," kwatsho
uMakepesi, "lapho iNdlovukazi eyezwakala isimemeza,
'Ubulala isikhathi! Makasuselwe amanqe!'"
"Ulunya olungakanani bakithi!" wababaza u-Alice.

77

"Kusukela lapho," waqhubeka uMakepesi ngelizwi elililayo, "iwatshi yami ayisenzi lutho engilufunayo! Isihlala ikhombe ihola lesithupha njalo nje."

U-Alice wasefikelwa ngumcabango omuhle. "Kungabe kuyiso isizatho sokuthi zonke izinto eziphathelane letiye zenzelwe egcekeni lapha?" wabuza.

"Yiso kanye," watsho uMakepesi esehlisa iphika. "Yisikhathi setiye njalo nje, njalo asila ngitsho lesikhathi sokugezisa phakati laphakathi..."

"Kutsho ukuthi phela selihlala lisendleleni?" atsho u-Alice.

"Utsho kahle," atsho uMakepesi, "ngaso sonke isikhathi nxa izinto zethu seziphelile."

"Libe selisithini nxa selifika lapho eliqale khona?" u-Alice amhlokoze.

"Kungcono sitshintshe inkulumo," kungenele uMvundla Wezibomvini ewozela. "Ingathi isingidina indaba le. Kungcono intombazana isethele inganekwane."

"Ngilusizi akula leyodwa engiyaziyo," atsho u-Alice, esethuswe yilelo cebo.

"Nxa kunjalo ngangcono uMpuku asethele!" batsho kanyekanye. "Vuka, Mpuku!" Bamncwebe nxazonke bobabili kanyenkanye.

UMpuku wavula amehlo akhe mbijana mbijana. "Bengingalalanga," akhulume ngelizwi elihelezayo njalo elidiniweyo, "Ngizwile konke ebelikukhuluma."

"Sethele inganekwane!" atsho uMvundla Wezibomvini.

"Ye, siyacela bakithi!" ancenge u-Alice.

"Futhi sicela wenze masinya," kwenanisele uMakepesi, "ngoba ungacina ujumeka futhi ingakapheli."

"Kwakukhona," aqale uMpuku ngokuphangisa, "amantombaza amancane ayeyizelamani. Amabizo awo kwakungu-Elsie, uLacie loTillie. Ayehlala phansi emgodini—"

"Babephila ngani?" wabuza u-Alice owayethanda ukubuza imibuzo ephathelane lokudla lokunathwayo.

"Babephila ngesidabhula," aphendule uMpuku ngemva kokucabanga okomzuzwana.

"Babengeke bakwenze lokho," angenele u-Alice ngelipholileyo; "phela babezagula."

"Kwabanjalo-ke," avume uMpuku; "bagula kakhulu."

U-Alice wazibuza ngaphakathi ukuthi kambe kungaba njani ukuphila impilo enjalo, kodwa lokho kwamangalisa kakhulu: ngakho waqhubeka: "Kodwa babehlalelani phansi emgodini?"

"Thela enye itiye," uMvundla Wezibomvini atshele u-Alice engathi uyamzwela.

"Angikezwa lutho," u-Alice akhulume ngelizwi locunukileyo, "kutsho ukuthi ucabanga ukuthi angilasibindi."

"Utsho ukuthi aweneli ngokulutshwane," kutsho uMakepesi: "kulula ukuzwa okunengi kulokungezwa lutho."

"Akulamuntu okubuzileyo," kutsho u-Alice.

"Ngubani osekhuluma ngenhliziyo manje?" abuze eMakepesi eselegunya.

U-Alice kwangathi uqunywe umlomo: ngakho wazithelela itiye, walungisa lesinkwa lebhata, qede wabuyela kuMpuku lombuzo wakhe. "Babehlalelani phansi emgodini?"

UMpuku wathatha imizuzu engaba mibili ecabanga, wasesithi, "Kwakungumgodi wesidabhula."

"Akulanto enjalo!" u-Alice waqala njalo esezondile, kodwa uMakepesi loMvundla Wezibomvini bathi "Sh! sh!" uMpuku yena esecunukile wasesithi, "Nxa ungenelisi ukubekezela ulalele ngangcono uyiqedise wena linganekwane."

"Uxolo, qhubeka!" watsho exolisa u-Alice; "Angisoze ngikubambe umlomo futhi. Kodwa angiyikholwa indaba yomgodi wesidabhula."

"Ukhona!" kwatsho uMpuku ngokucaphuka. Loba kunjalo, wavuma ukuqhubeka. "Lezi zelamani zamntombazana— zazifunda ukudweba—"

"Babedwebani?" abuze u-Alice eselibele isithembiso sakhe.

"Isidabhula," watsho uMpuku engazange achithe isikhathi ecabanga.

"Ngifuna inkomitsho ehlanzekileyo," kungenele uMakepesi. Abuye engenze, "asitshedeni sonke indawo eyodwa umuntu ngamunye."

Wayekhuluma etsheda, uMpuku emlandela. UMvundla Wezibomvini wahlala endaweni ebikade ihlezi uMpuku, u-Alice yena wayahlala endaweni kaMvundla Wezibomvini loba wayengathi kafuni. UMakepesi nguye owalungelwayo ngalokho kutsheda; u-Alice waba sendaweni embi okwedlula kuqala, uMvundla Wezibomvini eseze wakutulela ijeki yochago emganwini wakhe.

U-Alice waqaphela ukuthi angaphindi akhube uMpuku, ngakho waqala ngesikhulu isineke, "Kodwa angizwisisi. Isidabhula babesithola ngaphi?"

"Amanzi akhiwa emgodini wamanzi," kwatsho uMakepesi; "ngakho isidabhula ungasikha emgodini wesidabhula—eh, awuboni?"

"Kanje babesemgodini," u-Alice watsho eqondise kuMpuku, owayesenza angathi kezwanga ukuthi wayetheni.

"Kunjalo," atsho uMpuku, "ngempela babephakathi."

Limpendulo yamphica kakhulu u-Alice wenkosi, okwenza ukuthi ekele uMpuku aqhubeke okwesikhathi engazange ambambe umlomo.

"Babefunda ukudweba," uMpuku waqhubeka, esezamula ngapha ehlikihla amehlo. Phela basebumhlasela ngamandla ubuthongo. "Adweba izinto ezinengi ezitshieyeneyo ezilamagama aqala ngo-M—"

"Kungani ezilamabizo aqala ngo-M?" abuze u-Alice.

"Kulicala?" abuze uMvundla Wezibomvini.

Zwi u-Alice.

UMpuku wayeseke wavala amehlo okwesikhatshana, kanti njalo wayesewozela; kodwa ngemva kokuswintilwa ngu-Makepesi, wahlaba umkhosi omncane, wavuka wavula amehlo. Waqhubeka: "—isilaha samagundwane, inyanga, umkhumbulo, ubunengi—uyakwazi ukuthi kuthiwa 'ubunengi bobunengi'—kodwa wake wabona umfanekiso wobunengi?"

"Ngempela, subuza mina manje?" wabuza u-Alice esephiceke ngempela, "Angicabangi—"

"Ngakho ke vala umlomo," kwatsho uMakepesi.

Ukudelela okunje kwakudlulise amalawulo okokuthi u-Alice kwamnzimela ukuthi akumele: wathi lothu ngokunengeka wasuka wahamba: uMpuku bahle bamthatha ubuthongo, kwathi abanye behluleka ukumnanzelela esuka loba nje wathalaza kabili kathathu ecabanga ukuthi bazambiza bamphendule: wathi ethalaza okokucina wabona sebezama ukufaka uMpuku etipotini.

"Lanxa sekutheni angibuyeli!" watsho u-Alice esithela ezihlahleni. "Akula mbhedo wedili letiye ofana lalo esengake ngawubona selokhe ngathwetshulwa yingwe!"

Wathi nxa esitsho njalo wananzelela ukuthi esinye sezihlahla sasilomyango wokungena ngaphakathi kwaso. "Nansi isimanga!" wacabanga. "Kodwa konke nje lamuhla bekuyizimanga. Ngangcono ngingene phakathi kanye." Ngempela wangena.

Phakathi wazibona esephakathi kweholu njalo, duze letafula yegilazi encinyane. "Khathesi ngizakwenza ngcono," watsho enhliziyweni, waqala ngokuthatha ikhiye yegolide encinyane, wavula umnyango oya esivandeni. Waseqala ukuluma amakhowa kancane (wayewagcine esambeni sakhe) waze weluleka waba mude okukhawula emadolweni: wahamba emkotweni omncane: wasezibona esephakathi kwesivande esihle, phakathi laphakathi kwemibheda yembali ezinhle lempophoma zamanzi eziqandelelayo.

INdlovukazi enkundleni yayo yegolufu

Kwakumi isihlahla samaluba esikhulu duzane lentuba yesivande. Amaluba aso ayemhlophe, kodwa kwakulezisebenzi ezintathu, zimatasatasa ziwapenda ukuze abe bomvu. Kwamangalisa kakhulu lokhu u-Alice, wasesondela ukuze abonele eduze. Uthe nje esefika, wezwa omunye wezisebenzi esithi: "Qaphela bo, wena Sihlanu! Ungangichaphazeli ngependa kanje."

"Lami ngehlulekile ukukuvika," kutsho uSihlanu ecunukile, "phela nguSikhombisa lo ongigudle ngendololwane."

USikhombisa yena waphakamisa amehlo wasesithi ezivikela: "Unjalo-ke wena, Sihlanu! Uhlala ugcona abanye ngamacala akho."

"Kungcono uvele uzithulele!" kutsho uSihlanu. "Izolo likaBula lokhu, ngizwe iNdlovukazi isithi kumele ususelwe amanqe."

"Ngoba ngenzeni?" kubuza obekhuluma ekuqaleni.

"Akusiyo ndaba yakho leyo, wena Sibili," kutsho uSikhombisa,

"Ngempela yindaba yakhe!" kutsho uSihlanu. "Ngizomtshela phela mina ukuthi isizatho salokhu yini: yingoba ulethele umpheki imiqwente yamakheroti endaweni yehanyanyisi."

USikhombisa walahla phansi isibhulashi sakhe, kwathi lapho nje esathi: "Kuzo zonke izinto ezingalunganga—" amehlo akhe awela ku-Alice, njengoba wayekade emile ebakhangele. Wasezibamba masinyane: bonke bathalaza ngapha langapha bathi sebembonile bemkhothamela.

"Ake lingitshele bandla," kutsho u-Alice ephethwe zinhloni, "liwapendelani amaluba lawo?"

USihlanu loSikhombisa bazithulela nje, kodwa bakhangela ngakuSibili. Waphendula uSibili ngelizwi eliphansi wathi: "Empeleni, Nkosazana, lesi bekumele kube yisihlahla samaluba abomvu, kodwa thina sasuke sahlanyela esamaluba amhlophe ngephutha. Nxa nje iNdlovukazi ingakubona lokhu, sonke lapha singasuselwa amanqe. Njengoba ubona nje, Nkosazana, sizama konke okusemandleni ethu ngaphambi kokuba ifike, ukuba si—" Ngalowo mzuzu uSihlanu owayekade ebuka ngovalo lapha esivandeni wamemeza esithi: "INdlovukazi! Nansi iNdlovukazi!" Izisebenzi zesivandeni zontathu zathi wathalala ubuso bazo bukhangele phansi. Kwase kuzwakala izisinde eziningi, lo-Alice wathalaza yonke indawo efuna ukuzibonela iNdlovukazi.

Kwaqala kwaqhamuka amabutho alitshumi ephethe izagila ezilungiswe amakhanda azo afana lawezisebenzi zesivandeni. Ayeyizicaba ezingonxande, abesesiba lezandla lenyawo emakhoneni. Kwalandela inceku zenkosi ezilitshumi, zona zihlotshiswe ngamadayimani yonke indawo, zihamba ngambili njengamabutho. Emva kwazo kwalandela abantwana besikhosini, belitshumi bebonke; bona bafika beqolotsha, bebambene izandla ngababili; bonke bececiswe ngezikopela ezidaliswe okwenhliziyo. Ngemva kwabantwana kwalandela izivakatshi, ikakhulu ezingamakhosi kanye lezindlovukazi. Kusenjalo-ke u-Alice wathi gaga wabona uMvundla Mhlophe, waphanga wamkhumbula. Wayekhuluma ephangisa, kucacile nje ukuthi uzidla izibindi, njalo wayemoyizelela yonke into eyayitshiwo, waze wedlula engambonanga u-Alice. Ngemva kwalapho kwadlula amakhosana ephethe umqhele weNkosi ubekwe emqamelweni wevelivethe ebomvu. Kwathi ekucineni kwalolu dwendwe lwezikhulu kwangena INKOSI LeNDLOVUKAZI.

U-Alice wadideka engazi noma laye kwakumele acambalale abheke phansi ngobuso njengezisebenzi zesivandeni ezintathu, kodwa akazange akhumbule esizwa umthetho onjalo ngodwendwe olunje. Waze wazicabangela nje esithi: "Akuzukuba lesidingo sodwendwe nxa bengekho abantu abazolubukela, bonke sebelele bathi mbo ubuso phansi." Ngakho-ke wama wangathi ubethelelwe lapho ayekhona wathula wathi du, walinda.

Kuthe lapho udwendwe seluqondene laye, bonke bama bathi khwimilili, bemgqolozele, iNdlovukazi yagwavuma ngolaka yathi: "Ngubani-ke lo?" Yakutsho lokhu ibhekise kwenye inceku, yona yamane yaphendula ngokukhothama nje langokuyimoyizela.

"Siwulandini!" yatsho njalo iNdlovukazi, inyikinya ikhanda kakhulu ngolaka. Yaphendukela kuye u-Alice, yathi: "Ngubani igama lakho, mntwanandini?"

"Igama lami ngingu-Alice, ngiyakhonza Ndlovukazi ehloni-phekayo," kutsho u-Alice ngokuzithoba. Kodwa wabuye wazitshela ngaphakathi ethi: "Phela laba 'bantu' eqinisweni ngamakhasi okudlala nje, akudingeki ukuba ngibesabe!"

"Laba-ke bona ngobani?" yatsho iNdlovukazi ikhomba laba ababethe wathalala eduze kwesihlahla samaluba. Phela ubuso babo babubheke phansi, kanti iphetheni emihlane yabo yayifana xathu langemuva kwamakhasi. Yayingazi noma babeyizisebenzi zesivandeni, amabutho, inceku kumbe izingane zayo ezintathu.

"Mina ngizokwazi kanjani lokho?" kwatsho u-Alice, laye samangalisa lesi sibindi sakhe. "Akusiwo msebenzi wami lowo."

Yathukuthela yadla inja iNdlovukazi, kwathi emva koku-gqolozela u-Alice okwesikhatshana yakhwaza njengesilwane yathi: "Makasuselwe amanqe!"

"Ngumbhedo-ke lowo!" kutsho u-Alice ngezwi eliphake-meyo langesibindi-gidi, iNdlovukazi yathula zwi.

INkosi yabeka isandla sayo engalweni yeNdlovukazi, yasisithi ngelizwi elipholileyo: "Phela ubokhumbula, mntakwethu, ukuthi yingane nje le!"

INdlovukazi yayitshiya lapho iNkosi yaya kwenye yezinceku yathi: "Batshibilikise!"

Inceku yabatshibilikisa ngonyawo, lokho ikwenza ngesineke esikhulu.

"Phakamani!" kutsho iNdlovukazi ngephimbo eliphezulu. Ngempela izisebenzi zesivandeni zathi lothu, zaqala uku-khothamela iNkosi leNdlovukazi, abantwana basebukhosini, lazo zonke ezinye izikhulu.

"Sukani lapha!" yakhwaza iNdlovukazi. "Lingithelela isiyezi." Kusenjalo-ke, yaphendukela esihlahleni samaluba, yaqhubeka isithi: "Vele belisenzani lapha?"

"Kungayithokozisa iNdlovukazi," kutsho uSibili, ngephimbo lokuzithoba, etshaya phansi ngedolo elilodwa esithi: "ukwazi ukuthi besizama—"

"Ya! Sengiyabona!" kutsho iNdlovukazi, eyayisihlola amaluba, "Mabasuselwe amanqe!" Lwasuka udwendwe lwaqhubeka, kwasala amabutho amathathu ayezoquma amakhanda ezisebenzi zasesivandeni ezaseziveleiwe, lazo zagijima zisiyacela ukukhuselwa ku-Alice.

"Soze baliqume amakhanda!" kutsho u-Alice, watsho nje ezifaka embizeni yamaluba enkulu eyayiseduzane. Amabutho azulazula okwesikhatshana edinga izisebenzi zesivandeni, ekucineni adela asuka alandela amanye ngokuthula.

"Selibathumele kogoqanyawo?" kumemeza iNdlovukazi.

"Kunjalo Mhlonitshwa, nxa kuyithokozisa ukuzwa lokho iNdlovukazi!" kumemeza amabutho ephendula.

"Kulungile-ke!" kumemeza iNdlovukazi. "Uyakwazi ukudlala igolufu?"

Athula amabutho, abheka u-Alice, njengoba kwakucaca ukuthi umbuzo wawuqondiswe kuye.

"Yebo!" kuvuma u-Alice.

"Woza-ke!" kubhavuma iNdlovukazi, lo-Alice waselandela ngemva kodwendwe, elokhu emangele nje ukuthi kwasekuzokwenzekani manje.

"Lusu—e-e-e—lusuku oluhle kakhulu lolu," kwatsho ilizwi elivevezelayo ngovalo eceleni kuka-Alice. Wayeseqondene loMvundla Mhlophe owayelokhe emuthi jeqe ebusweni.

"Luhle mpela!" kutsho u-Alice, "Hawu, ingaphi iNkosazana?"

"Sh! Sh!" kutsho uMvundla ngephimbo eliphansi, eliphuthumayo. Wajeqeza ngemuva kwakhe waseqoqomela, umlomo wakhe waqondana lendlebe ka-Alice, wanyenyeza endlebeni yakhe wathi: "Igwetshelwe ugodo!"

"Ngenxa yani?" kubuza u-Alice.

"Utheni, 'Uthe kuyadabukisa'?" kubuza uMvundla.

"Cha angitsho njalo," kutsho u-Alice: "Ngithe: 'Ngenxa yani?'"

"Ifake iNdlovukazi isibhakela ezindlebeni—" kuqala uMvundla. U-Alice wafa ngensini. "Thula mani!" kunyenyeza uMvundla ephethwe yikwesaba. "INdlovukazi izakuzwa! Phela iNkosazana yaphuza ukufika, iNdlovukazi yasisithi—"

"Manini ngendawo zenu," kumemeza iNdlovukazi ngesigaqa selizwi, abantu basabalala yonke indawo. Abanye bakhubana baze bawa, kodwa ngesikhatshana nje basebehlelekile.

U-Alice wananzelela ukuthi wayengakaze wayibona inkundla yegolufu enje selokhe wazalwayo. Yayilemibundu lemigelogelo eminengi okwedlulisileyo; amabhola egolufu akhona kwakuzinhloni eziphilayo, induku kwakungothekwane, kanti amabutho kwakudingeka ukuba abhenquke, ame ngezandla lenyawo, ukuze kube lezikhala zokungena ibhola.

Inkinga enkulu u-Alice aba layo yaba yikulungisa uthekwane wakhe: wanelisa ukugoqa umzimba wakhe kahle, wawufaka ngaphansi kwengalo yakhe, imilenze yakhe yalengela phansi. Kodwa wayethi eseqedile ukuqondisa intamo yakhe, sekumele atshaye inhloni ngekhanda likathekwane, wayitshila intamo yakhe ekhangele u-Alice emehlweni emangele, okwakusenza u-Alice adubuke ngohleko. Wathi esebuye walehlisa njalo ikhanda likathekwane ukuthi aqhubeke, wabona inhloni isizitshombulule ingaseyilo ibhola isizihambela. Ngaphandle kwalokhu, wananzelela lokuthi phambili lapho ayesithi uzatshaya ibhola liyekhona kwakulombundu omkhulu kakhulu. Kunjalo nje amabutho ayelokhe evuka nje asuke aye kwamanye amacele enkundla. U-Alice wazibonela nje ukuthi umdlalo lo wawunzima ngempela.

Abadlali bona babedlala kanyekanye kungekho ukunikana amathuba, bexabana njalo nje bebanga inhloni. Kungekudala iNdlovukazi yayisithukuthele isivutha amalangabi iyaluzela isiya ngapha langapha, izwakala ngokuthi: "Maka-suselwe amanqe!" umzuzu ngomzuzu.

U-Alice wazizwa engasaphathekanga kahle. Phela yena wayengakaxabani leNdlovukazi, kodwa kwakusobala ukuthi kungonakala loba nini. Kusenjalo wathi gqi umcabango: "Nxa kusenzeka lokho ngothini na? Laba bantu abadlali ngokuquma abantu. Kodwa isimanga yikuthi sebephele bonke du!"

Wayesathalaza u-Alice edinga icebo lokubaleka, engazi ukuthi kwakungenzeka ukuba aphume anyamalale engabo-nwanga. Wasebona into ethile eyakhanga amehlo akhe emo-yeni. Kwamdida ekuqaleni, kodwa ngemva kokukhangelisisa wabona ukubobotheka, wavela wazi ukuthi: "NguMangoye weHarare, sengilomuntu engizaxoxa laye."

"Unjani? Uqhuba njani?" watsho uMangoye lapho umlomo wakhe usuvele kancane nje ukuthi anelise ukukhuluma. U-Alice walinda kwaze kwavela lamehlo, wasenqekuza ikhanda. "Kodwa akuncedi ukukhuluma laye manje," wacabanga u-Alice, "kumele ngilinde kuze kuvele indlebe zakhe, loba eyodwa nje." Ngemva kwesikhatshana lavela lonke ikhanda. U-Alice wabeka phansi uthekwane wakhe, wasemlandisela kusuka ekuqaleni komdlalo, ejabulela lokuthi kwasekukhona omunye owayelalela. UMangoye wayebona ukuthi wayesevele ngokupheleleyo, kazange aqhubeke elokhe evela.

"Angiboni ukuthi laba badlala ngokuthembeka," waqhubeka u-Alice ngelizwi elisolayo, "benjalo nje bayathanda ukuxabana, umuntu angabe esazizwa lanxa ekhuluma. Futhi ungathi umdlalo wabo awulamithetho, kanti loba ikhona leyo mithetho, sengathi akukho oyinakayo. Okunye okungixakayo, yikuthi zonke izinto okudlalwa ngazo ziyaphila. Khangela nantiya isango okumele ngingene ngalo, liyazihambela nje enkundleni. Futhi bekumele ngitshaye inhloni yeNdlovukazi, kodwa isuke yabaleka lapho ibona eyami isiza!"

"Ngabe uyayithanda iNdlovukazi?" kubuza uMangoye ngelizwi eliphansi.

"Cha, ngitsho lakancane" kwatsho u-Alice. "Phela sengathi umuntu wakhona u—" Ngaso leso sikhathi wananzelela ukuthi iNdlovukazi yayingemva kwakhe, ilalele. Waseqhubeka esithi: "—kusobala nje ukuthi uzonqoba. Ngakho akuncedi ukuthi umuntu aqhubeke edlala."

Yabobotheka iNdlovukazi yazedlulela.

"Ngabe ukhuluma lobani?" kubuza iNkosi, isondela ku-Alice, ibuka lekhanda likaMangoye ngokumangala okukhulu.

"Ngumngane wami lo, uMangoye waseHarare," kutsho u-Alice, "Ngivumele ngimazise lapha kuwe."

"Angithandi ngitsho indlela abukeka ngayo," kwatsho iNkosi, "Kodwa-ke angasanga isandla sami nxa efuna."

"Ngcono ngingakwenzi lokho," kuphawula uMangoye.

"Ungabodelela wena," kutsho iNkosi, "futhi ungangikhangeli njalo!" ikhuluma njalo isiya kuma ngemva kuka-Alice.

"Umangoye angayikhangela inkosi," kwatsho u-Alice.

"Ngike ngakufunda egwalweni oluthile lokhu, kodwa angisakhumbuli ukuthi yiluphi."

"Okusalayo nje yikuthi kumele asuselwe amanqe," kutsho iNkosi isithethe isinqumo. Yasibiza iNdlovukazi eyayidlula kubo ngaso leso sikhathi, yathi: "Sithandwa sami, ngingajabula nxa ungenza ukuthi umangoye lo asuselelwe amanqe."

INdlovukazi-ke ilendlela eyodwa yokuxazulula inkinga, ezincane kumbe ezinkulu: "Makasuselwe amanqe!" yatsho ingazange ithalaze.

"Ngizoya landa ibutho mina ngokwami," kutsho iNkosi ngamadlabuzane, isuka ihaluzela.

U-Alice wabona kungcono ukuthi ake ayebona ukuthi umdlalo uqhubeka kanjani. Phela wezwa iNdlovukazi iklabalala ngephindo eliphezulu ijabula. Kusenjalo yabe isikhalima isithi abadlali abathathu baqunywe amakhanda ngokweqiwa ngamathuba abo okudlala. Kazange akuthande lokho u-Alice. Phela wayengazi ukuthi elakhe ithuba linini kule sumansumane yomdlalo. Wasuka lapho wayadinga inhloni yakhe, ibhola lakhe lokudlala phela.

Inhloni yakhe wayibona kukubi isilwa lenye, kodwa lokhu kwamnika ithuba elihle lokuthi azitshayanise ngamandla. Inkinga kwasuka kwaba yikuthi uthekwane wakhe wayekude kwelinye icele lesivande, lapho ambona ezama kanzima ukuphaphela esihlahleni kodwa lesehluka.

Ngesikhathi esembambile uthekwane wabuya laye, impi yenhloni yayisiphelile, zombili sezidliwe yinto: "Akusenani lokho," kucabanga u-Alice, "ngoba lawo wonke amasango awasekho kuleli cele lenkundla." Wamgodla ngaphansi kwekhwapha lakhe uthekwane, ukuze angaphunyuki futhi, wasehamba eyozixoxela lomngane wakhe.

Uthe efika lapho ayetshiye khona uMangoye wamangala ukuthola isixuku esikhulu simgombolozele: kwakulempiki-swano enkulu phakathi kwebutho, iNkosi kanye leNdlo-vukazi, bonke babekhuluma kanyekanye, abanye bona babezithulele nje, bebukeka bengakhululekile ngitsho.

Wathi nje ethutsha u-Alice, bobathathu beza kuye bezomcela ukuthi axazulule ingxabano yabo. Bonke bethula izizathu zabo, kodwa kwaba nzima ukuzwisisa ukuthi bathini ngoba babekhuluma kanyekanye.

Ibutho lathi inkinga yalo kwakuyikuthi awukwazi ukuquma ikhanda ngaphandle kokuba kube lomzimba ozokulijuqula kuwo. Lathi lona lalingakaze likwenze ukuquma ikhanda eselivele liqunyiwe, futhi lalingasoze laqala mhlalokho, selikhule kangaka.

INkosi yona yayisithi yonke into elekhanda iyaqumeka, njalo kwakungamelanga kuchithwe isikhathi kukhulunywa amanyala.

INdlovukazi yona yayisithi, nxa leyo nkinga ingasonjululwa masinyane, ngokuphazima kwelihlo wonke umuntu uzasuselwa amanqe. (Amazwi la enza wonke umuntu olapho wathula zwi ngovalo.)

Inye kuphela impendulo eyabuya engqondweni ka-Alice ngaleso sikhathi: "NguMangoye weNkosazana lo: ngangcono sizwe yona ukuthi ithini."

"Uvalelwe entolongweni lowo," iNdlovukazi yatsho ebuthweni, "mlande eze lapha." Ibutho alizange lichithe sikhathi, laphuma lingutshoko.

Ikhanda likaMangoye laqala ukuphela ngesikhathi ibutho lisanda kusithela. Ngesikhathi ibutho liphenduka leNkosazana basetshabalele. INkosi lebutho bagcwala indawo yonke belidinga, umthimba wonke wabuyela waya qhubeka ngomdlalo.

Indatshana kaGongwemanga

"Ngeke wazi ukuthi ngijabula njani ukukubona, sihlobo esidala!" kutsho iNkosazana igona u-Alice ngengalo, imbonisa uthando, behamba bonke.

U-Alice laye wajabula kakhulu ukuthola iNkosazana ithabe kangako, wacabanga ukuthi mhlawumbe kwakuyikubatshelwa libilebile okwayenza yabonakala ingangeneki aze ahlangane layo emkulwini.

"Nxa sengiyiNkosazana lami," wakhulumela ngaphakathi u-Alice, (umcabango wakhe ugcwele ukuthandabuza okukhulu), "angisoze ngibe lebilebile emkulwini wami. Umsobho umnandi ungelabilebile—Mhlawumbe libilebile elenza ukuthi abantu babelolaka" waqhubeka, inhliziyo yakhe isuthiseka ngoba esethole umthetho ozakwenza ukuthi aphile kahle, "kanye leviniga eyenza ukuthi babemunyu—lesihaqa esenza ukuthi abantu bababe—kanti njalo—kungaba litshukela elenza ukuthi abantwana bahlale bemnandi. Ngifisa ukuthi

ngabe abantu bayakwazi konke lokhu: ngabe kabomeli
letshukela, ngempela—"

Wayeseyilibele iNkosazana ngalesi isikhathi, ngakho
wethuka kancane lapho esizwa ilizwi layo endlebeni yakhe.
"Kukhona okucabangayo ntombazana, futhi lokho kukwenza
ulibale ukuxoxa. Angingeke ngikutshele isifundo esimaye-
lana lalokho manje, kodwa ngizasikhumbula kungekudala."

"Mhlawumbe asikho," u-Alice waqabuka esekhulumile.

"Sh, sh, thula mntwana!" yatsho iNkosazana. "Yonke into
ilesifundo, ingqe usanelisa ukusizwisisa." INkosazana bese
izisondeza kakhulu ku-Alice nxa ikhuluma la mazwi.

U-Alice kazange akhululeke ngokusondelelana okokuqala: ekuqaleni, ngoba phela iNkosazana yayimbi okwesabekayo; njalo okwesibili, yayinde okungayingaphi okwakusenza isilevu sayo sithi gxi phezu kwehlombe lika-Alice, laso leso silevu sicijile njalo simhlaba. Loba kunjalo, wathi ukuzibamba: ngakho wakubekezelela konke lokho.

"Umdlalo suqhubeka ngcono manje," atsho u-Alice ezama ngamandla ukuqhuba ingxoxo.

"Uqinisile," kutsho iNkosazana: "isifundo salokho yikuthi—'Ehe, luthando, luthando, yilo olwenza ukuthi impilo iqhubekele phamabili!'"

"Omunye wathi," u-Alice anyenyeze, "ngumdlalo othandwa ngabantu abazikhathalelayo kuphela!"

"Yebo! Kuyafana phela," itsho iNkosazana isitshonisa isilevu sayo ehlombe lika-Alice, qede yengeze, "isifundo salokho ke yikuthi—'Qakathekisa indikimba yalokho ofuna ukukutsho, amazwi azalandela'."

"Kakuthandi nje ukuchaza izifundo kuzo zonke izinto umuntu lo!" u-Alice wakhulumela ngaphakathi.

"Ngithemba uyamangala ukuthi kungani ngingakugoni ngengalo ekhalweni," itsho iNkosazana, ngemva kwekhefana iqhubeke: "isizatho yikuthi angilaqiniso ukuthi ulaka lukathekwane wakho lunjani. Ngizame ngibone ukuthi lunjani?"

"Uthekwane lo angakuluma," u-Alice atsho amazwi akhethwe kahle, kodwa engakhathali ngitsho ukuthi iNkosazana izame.

"Uqinisile," itsho iNkosazana: "uthekwane lebilebile bayababa. Isifundo salokho yikuthi—'Inyoni zansibanye zindiza zonke.'"

"Kodwa ibilebile alisiyonyoni," kutsho u-Alice.

"Ngempela," kutsho iNkosazana, "ubeka zonke izinto ngendawo zazo!"

"Nxa ngikhumbula kahle, ibilebile yisilimo," kutsho u-Alice.

"Utsho kahle," kutsho iNkosazana okwakusobala ukuthi izimisele ukuvumelana lantoni na eyayitshiwo ngu-Alice, "kukhona ipulazi lebilebile elikhulu duzane nje. Futhi isifundo salokhu sithi:—'Nxa okwami kukunengi, okwakho kulutshwane'."

"O! Sengiyabona manje!" kuphahluka u-Alice, owaye-nganakanga amazwi okucina eNkosazana. "Ibilebile yisilimo sesivandeni, kodwa asifani lezinye loba nje siyiso."

"Lami ngivumelana lawe," kutsho iNkosazana, "futhi isifundo salokhu sithi—'Bana yilokho ozibona uyikho', nxa ufuna ukukubeka ngendlela elula ungathi—'Ungacabangi nje ngokuthi awusikho okunye kulalokho obukeka uyikho kwabanye, owawuyikho, osazoba yikho, lowawungaba yikho emehlweni abo'."

"Ngibona ukuthi ngingakuzwisisa ngcono lokhu," kutsho u-Alice ngesizotha, "nxa ungakubhala phansi; angikwazi ukukukuzwa kahle ngendlela okuchaza ngayo manje."

"Cha, phela lokhu engisanda kukutsho lubala kulalokho engingakustho nxa ngifuna" kwaphendula iNkosazana ngokuzigqaja.

"Ngicela ungabe usazihlupha ngokutsho okungaphezu kwalokhu osukutshilo," kutsho u-Alice.

"Cha bo, musa ukukhuluma ngohlupho!" yatsho iNkosa-zana. "Konke lokho ebengikutsho yisipho samakhekhe."

"Isipho esitshiphileyo ngempela!" kucabanga u-Alice. "Ngiyajabula ngoba asiphiwa zipho zokuthakazelela insuku zethu zokuzalwa ezinje!" Kodwa akasazange alinge awakhu-phe lawo.

"Usujula ngokucabanga futhi?" kubuza iNkosazana isitshonisa njalo isilevana sayo esicijileyo ehlombe lika-Alice.

"Kulilungelo lami ukuba ngicabange engikuthandayo," kutsho u-Alice, ngelihlabayo iphimbo, kwazise wayeseqala manje ukukhathazeka.

"Ngempela kunjengoba usitsho nje," kutsho iNkosazana, "njengoba lengulube kulilungelo lazo ukundiza nxa zithanda, kanti isifu—" Kodwa ngalowo mzuzu kwamangalisa kakhulu u-Alice ukuzwa ilizwi leNkosazana litshabalala lapho isatsho igama layo elithanda kakhulu elithi 'isifundo' kanti lengalo yayo eyayixhumene leka-Alice yaqala ukuqhaqhazela. Uthe ephakamisa amehlo, wabona iNdlovukazi isithe mpo, igoqe lezandla esifubeni, ibuthe izinhlonzi yangathi ngu-Ngulukudela ethwele izikhukhula.

"Lwaze lwaluhle usuku, Ndlovukazi!" iNkosazana yaqala ukukhuluma ngephimbo eliphansi njalo elilovalo.

"Ngikunika ithuba lokukhetha phakathi kwalokhu kokubili, ngikholwa ukuthi ngikuxwayisa ngokwanele," kuthetha iNdlovukazi, itshaya phansi ngonyawo. "Khetha phakathi kokususelwa amanqe lokusuka uphele lapha ngokuphazima kwelihlo! Zikhethele-ke!"

INkosazana yazikhethela-ke, ngomzuzwana nje yabe isidliwe yinto.

"Asiqhubeke ngomdlalo," kwatsho iNdlovukazi ku-Alice; lo-Alice esezifele ngovalo, engasakwazi lokuvula umlomo. Wamane wayilandela ehamba kancane, ebuyela enkundleni yegolufu.

Imamba yayalukile, ochakide bechelesile! Ezinye izikhonzi zazithe ngokubona iNdlovukazi ingasekho zazinika ithuba lokuphumula ngaphansi komthunzi wezihlahla: kodwa zathi ziyibona ithutsha zabuyela ngokuphazima kwelihlo emdlalweni. INdlovukazi yaphawula yathi ngokulibala okuncane nje, abanengi bazolahlekelwa zimpilo zabo.

Ngesikhathi sekudlalwa njalo, iNdlovukazi yaqhubeka ixabana labanye abadlali njalo ibakhalimela, izwakala nje

isithi: "Makasuselwe amanqe!" Labo eyayisibagwebile batha-
thwa bayovalelwa ejele ngamabutho, kwase kudingeka ukuba
bayeke ukudlala umdlalo njengamagedi, bazokwenza lo
msebenzi. Kwathi emva kwengxenye yehola, kwakungasekho
mabutho angamasango kulo mdlalo, bonke abadlali,
ngaphandle kweNkosi, iNdlovukazi kanye lo-Alice base
besejele, belindele ukunqunywa amakhanda.

LeNdlovukazi yasuka yawutshiya umdlalo isikhefuzela,
yasisithi ku-Alice: "Usuke wambona uGongwemanga?"

"Cha," kutsho u-Alice, "Angazi lokuthi yini uGongwe-
manga."

"Yinto okwenziwa ngayo umhluzi kaGongwemanga."

"Angikaze ngiwubone futhi angikaze ngizwe ngawo,"
kutsho u-Alice.

"Woza-ke, sihambe," kutsho iNdlovukazi, "uzakuxoxela
imbali yakhe."

Bathe besahamba u-Alice wezwa iNkosi ngelizwi eliphansi
iqondise ebantwini bonke ababesasele isithi: "Lonke
lixolelwe." "Awuzwa-ke! Kwaze kwakuhle lokhu!" watsho
ekhulumela ngaphakathi u-Alice, ngoba kwasekumphethe
kabi ukubona abantu abanengi kangaka belokhe bejuqulwa
amakhanda ngaso sonke isikhathi nxa iNdlovukazi ithanda.

Ngasikhatshana bazibona sebebhekane lesilwanekhozi,
silele sitshaya obukaBhuka ilanga libalele. (Nxa ungasazi
isilwanekhozi khangela umfanekiso.) "Vuka wena vilavoxo!"
kwakhalima iNdlovukazi, "thatha intombazana le uyeyi-
bonisa uGongwemanga ayibalisele imbali yakhe. Mina
kufanele ngiyebona ukuthi kuhamba njani ngabantu engithe
basuselwe amanqe," yatsho ihamba njalo iNdlovukazi, ifula-
thela u-Alice lesilwanekhozi. U-Alice akazange akuthande
ukubukeka kwalesi silwane, kodwa wakubona kungcono
kakhulu ukusala laso kulokuhamba leNdlovukazi elenhliziyo
elukhuni njengelitshe. Ngakho walinda-ke.

Isilwanekhozi savuka sahlala ngezinqe ngapha sihlikihla amehlo: sakhangela iNdlovukazi yaze yasithela, qede sadubuka ngohleko. "Ihlaya lamahlaya!" watsho uSilwanekhozi eqondise kuye kanye laku-Alice.

"Kuyini okuhlekisayo?" kubuza u-Alice.

"Ngitsho indaba yale iNdlovukazi," kutsho uSilwanekhozi. "Lokhu kusengqondweni yayo nje; akukho muntu oqunywayo lapha. Woza-ke sihambe!"

"Bonke abantu balapha bayakuthanda ukulawula abanye," kucabanga u-Alice, elandela kancane emva kukaSilwanekhozi, "Njalo-nje uzwa nje sekuthiwa, 'Woza lapha sihambe.' Angikaze ngilawulwe kanje selokhu ngathetshulwa yingwe!"

Bathi sebehambe ibangana nje, bambona uGongwemanga ehlezi phezu kwedwala ekucineni kwalo, kusobala ukuthi uphethwe yisizungu. Bathe lapho besondela, u-Alice wamuzwa esehlisa iphika angathi inhliziyo izoqhekeka phakathi. Wamzwela kakhulu. "Ngabe yini le emphethe kabi kangaka?" watsho u-Alice ebuza uSilwanekhozi. USilwanekhozi yena waphendula njengakuqala wathi: "Lokhu kusengqondweni yakhe nje, akukhonto emphethe kabi lapha!"

Basondela kuye uGongwemanga, yena owababuka ngame-
hlo amakhulu agcwele izinyembezi, kodwa engatsho lutho.

"Ngilapha nje ngilethe intokazi le encane," kutsho
uSilwanekhozi. "Ifisa ukwazi indaba yakho."

"Ngizayilandisela," atsho uGongwemanga ngephimbo
eliqatha njalo elihelezayo: "Hlalani phansi lobabili, livale
umlomo ngize ngiqede."

Bahlala-ke phansi, kwangakhulumi muntu okwesikhatsha-
na. U-Alice wasekhulumela ngaphakathi esithi: "Angiboni
ukuthi uzafa waqeda, nango phela akasaqali lokuqala." Yize
walinda walinda ngesineke.

"Kudaladala," waqala uGongwemanga esehlisa iphika, "ngangingugongwe wangempela."

La mazwi alandelwa yikuthula kwethutshana elide, kodwa ukuthula lokho kwakuqhawulwa ngumsindo ongejwayele-kanga owawusithi: "Kgo-o, kgo-o!" uvela kuSilwanekhozi, umsindo lo wawuhlangene lesililo sikaGongwemanga. U-Alice waphose wasukuma wahamba lapho esithi: "Ngiya-bonga, Mnumzana, ngendaba yakho ehlabusa kangaka." Kodwa wabuye wacabanga ukuthi kungenzeka kube khona okukhulu okuzayo, ngakho-ke wabekezela, wahlala wathula.

"Ngesikhathi sisebancane," waseqhuba uGongwemanga emva kwesikhathi, esehlise umoya, loba kwakuke kube khona isilokozane lapha lalaphaya, "sasiya esikolo esingasolwandle. Sasifundiswa ngugongwe owayesemdala, sasimbiza ngokuthi nguFudu.

"Kungani lalimbiza ngokuthi nguFudu yena engasilofudu?" kubuza u-Alice.

"Sasimbiza kanjalo ngoba wayengumbalisi wethu," kutsho uGongwemanga ecunukile. "Kuyacaca ukuthi ungudanda wangempela wena!"

"Kambe awulanhloni lawe ngokubuza imibuzo elula kangaka?" kwengeza uSilwanekhozi. Bobabili bathula cwaka bekhangele u-Alice owayesefisa ukuthi umhlaba umginye. Ekucineni uSilwanekhozi wathi kuGongwemanga: "Qhubeka nsizwa endala! Asilalanga lonke lapha!" Waseqhubeka-ke uGongwemanga ngemva kwalawo mazwi:—

"Sasiya esikolo esingasolwandle, loba lingeke likukholwe lina lokho—"

"Angizange ngithi angikukholwa!" kungenela u-Alice.

"Utshilo," kutsho uGongwemanga.

"Ake uzibambe uthule!" kwangenela uSilwanekhozi, ngaphambi kokuba aqhubeke akhulume u-Alice. Waqhubeka uGongwemanga.

"Sasilemfundo ephucuke okumangalisayo—phela sasiya esikolo nsuku zonke—"

"Lami sengike ngaya esikolo esihanjwa nsuku zonke abafundi behlala emakhaya abo," kutsho u-Alice. "Akulanto emangalisayo engenza ukuthi uze uziqhenye kangaka."

"Lalilazo ezinye izifundo ezengeziweyo ngaphezu kwezingwalo?" kubuza uGongwemanga.

"Yebo," kwatsho u-Alice, "sasifunda isiFrentshi lomculo."

"Lokuwatsha?" kubuza uGongwemanga.

"Hayi bo!" kutsho u-Alice.

"Kutsho ukuthi esakho kwakungayisiso sikolo esiphucukileyo," kwatsho uGongwemanga ngephimbo elikhululekileyo. "Kwesethu-ke kwakwengezwe ngesiFrentshi, ngomculo kanye lokuwatsha."

"Ngempela lalingeke lifune okunye," kwatsho u-Alice, "phela lalihlala ekujuleni kolwandle."

"Angikwazanga ukukufunda lokho," kutsho uGongwemanga esehlisa iphika. "Ngenza izifundo ezejayelekileyo."

"Kwakuyiziphi-ke lezo?" kubuza u-Alice.

"Uku*Thunga* kanye loku*Bhula*, okwakuyizifundo zokuqala," kuphendula uGongwemanga; "besekulandela inhlobonhlobo zezifundo zezibalo: ukuLoyisa, ukuLahlekisa, ukuTshaphaza lokuHlambalaza.

"Angikaze ngizwe ngesifundo okuthiwa yikuTshaphaza," kwatsho u-Alice. "Yisifundo bani sona leso?"

USilwanekhozi waphakamisa izandla zombili emangele. "Awukaze uzwe ngokuTshaphaza?" wabuza ebabaza. "Angithi uyakwazi ukuCecisa?"

"Yebo ngiyake ngizwe," watsho u-Alice ngokuthandabuza: "kutsho—ukwenza—into—ibenhle."

"Hayi-ke," kuqhubeka uSilwanekhozi, "kutsho ukuthi nxa ungakwazi ubuyimpumputhe esikolo."

U-Alice wayesequnywe umlomo, isibindi sokuqhubeka ebuza okunye sasesitshabalele. Ngakho waphindela kuGongwemanga ethi: "Lalifundani okunye futhi?"

"Kwakukhona njalo iMpicampicano," kuphendula uGongwemanga ebala izifundo izifundo ngeminwe. "Kwakuyi-Mpicampicano yasendulo leyesimanje, kukhona njalo lezaso-Lwandle. Besekusiba khona ukuBhukutsha. Utitsha woku-Bhukutsha kwakunguMvubu. Wayefika kanye ngeviki, asifundise ukuntsheza, ukucwila lokutshaya ibhamu ngosabhenqu."

"Kwakunjani lokho?" kubuza u-Alice.

"Angikwazi ukukubonisa mina," kutsho uGongwemanga. "Sengome kakhulu emathanjeni. Ngosizi uSilwanekhozi kazange asifunde leso sifundo."

"Yikuthi nje angizange ngibe laso isikhathi," kutsho uSilwanekhozi: "Mina ngangisiya kutisha wendimi lezifundo zakudala. Yena wayeyinkala endala."

"Mina angisayanga kuye," kutsho uGongwemanga ewisa iphika. "Wayefundisa isiLaphalapha lesiGigitheko, babesitsho njalo."

"Yebo wayefundisa lokho," kutsho uSilwanekhozi: laye lwatsho luwisa iphika. Izinanakazana zombili zamboza ubuso ezandleni zazo.

"Lalizifunda amahola amangaki ngosuku zonke lezi zifundo?" kubuza u-Alice ngokujaha esefuna siguquke isihloko okukhulunywa ngaso.

"Kwakulitshumi lamahola ngosuku lokuqala," kutsho uGongwemanga, "ayisitshiyagalolunye ngololandelayo, njalonjalo ngokuqhubeka kwezinsuku."

"Lwalungaqondakali-ke lolo hlelo lwezifundo zenu!" kubabaza u-Alice.

"Phela yikho kuthiwa imfundo yethu yayibizwa ngokuthi yisinciphiso ngoba izifundo zethu zazisiya zincipha ususku ngosuku."

Le-ke kwakuyinto entsha ku-Alice, ngakho wayihluzisisa ngaphambi kokuba aqhubeke ebuza: "Kutsho ukuthi usuku lwetshumi lanye lwalusiba likhefu phela?"

"Yebo, kwakunjalo!" kutsho uGongwemanga.

"Pho-ke lalisenzani ngosuku lwetshumi lambili?" wabuza exakekile u-Alice.

"Hayi, sekwanele manje ngezifundo," kwangenela uSilwa-nekhozi ngephimbo lokulawula. "Ake umxoxele ngezemidlalo manje."

Umgido wabomankala

*U*Gongwemanga wawisa iphika, wesula izinyembezi emehlweni ngezandlana zakhe. Wakhangela u-Alice, wazama ukukhuluma, kodwa waqhubeka ngokukhala okwemizuzu engaba mibili, inyembezi zamhitsha. "Sengathi sekhanywe lithambo," kutsho uSilwanekhozi, wasesukuma wayakhuhluza uGongwemanga, qede wambhasula emhlane. Ekucineni labuya ilizwi likaGongwemanga, laloba izinyembezi zazilokhe zizigelezela nje. Waqhubeka ke ngendaba yakhe:—

"Mhlawumbe awukaze uphile ekujuleni kolwandle—" ("Vele angikaze," kutsho u-Alice) "—kanti futhi awukaze wethulwe kumaNkala—" (U-Alice waqhubeka esithi, "Sengake ngayinambitha inkala—" kodwa wacingisisa masinya engakathi "Cha, angikaze") "—lokho kutsho ukuthi awukwazi ukuthi Umgido Wabomankala umnandi njani!"

"Ngempela angazi," kutsho u-Alice. "Ngumgido bani wona lowo?"

"Halala!" kuthathe uSilwanekhozi, "liqala ngokufola lilandela ukhunji lolwandle—"

"Imizila emibili!" kumemeza uGongwemanga. "Kube zintini zamanzi, ogongwe, osalimoni, lezinye izinanakazana zasemanzini. Nxa selisuse zonke inhlanzi ezimatheketheke endleleni—"

"Lokho kuvame ukuthatha isikhathi eside kakhulu," kwangenela uSilwanekhozi.

"—beselithatha amanyathela amabili lisiya phambili—"

"Umuntu lomuntu lomankala wakhe!" kutsho uSilwanekhozi.

"Awuzwa-ke," kutsho uGongwemanga, "lithathe amanyathela amabili, lijike labomankala benu—"

"—liqhubeke lisenza ngendlela eliqale ngayo kodwa litshintsha omankala benu," kuqhuba uSilwanekhozi.

"Awuzwa-ke," kuthathe uGongwemanga, "Libe seliphonsa o—"

"Omankala!" kumemeza uSilwanekhozi, ephonsa izandla emoyeni.

"—libaphosele kude le—"

"Lintsheze ngemva kwabo!" kwaklabalala uSilwanekhozi.

"Litshaye usabhenqu phakathi kolwandle!" kumemeza uGongwemanga, esengathi usetshaya wona umgido.

"Litshintshe omankala futhi!" kumemeza uSilwanekhozi ngephimbo eliphezulu.

"Bese libuyela ekhunjini njalo. Zonke lezi yiziga zehlandla lokuqala," kutsho uGongwemanga, esephange wathoba ilizwi. Zombili izinanakazana ebezikade ziseqayeqa ngamadlabuzane zahlala phansi ngokuthula, zidabukile, zabuka u-Alice.

"Sengathi ngumgido omnandi okwamagama ngempela," kwatsho u-Alice ngelehaba.

"Uyafuna ukuthi sikubonise kancane nje?" kutsho uGongwemanga.

"Impela, ngingathokoza kakhulu," kutsho u-Alice.

"Woza kesizame ihlandla lakuqala!" kutsho uGongwe-
manga kuSilwanekhozi. "Lokhu singazenzela loba singelabo
omankala. Ngubani ozocula?"

"Cula wena, mina sengiwalibele amagama akhona!" kutsho
uSilwanekhozi.

Baqala-ke onkabi ukugida ngesizotha begombolozela u-
Alice, bamgxobe amazwane lapho bengadlulela duze laye,
bekhombela ngezandla nxa bebonisana izigqi, uGongwe-
manga ecula ngephimbo elihawulisayo:—

"Ak' unyathele ngamandla," kutsh' umadevu kumnenke.
"Kulofudu ngemva kwethu, lunginyathel' umsila,
Buk' umankala labogongwe bajah' ukuya phambili,
Bazalind' okhunjini—wen' uzoza na sizogida?
  Uzakuza, awuz' ukuza na, uzakuza, awuz' ukuza na,
    uzakuza na sizogida?
  Uzakuza, awuz' ukuza na, uzakuza, awuz' ukuza na,
    awuz' ukuza na sizogida

"Awazi ngitsh' ukuba koba mnandi kanjani,
Lapho besithatha basiphakamisele phezulu, basiphose,
labomankala, basiphosele phakathi kolwandle!"
Waphendula umnenke: "Kwaze kwakude bo!" wakhangel'
eceleni—
Wabong' umadevu ngomusa, kodwa ukugida labo, hayi cha!
  Ungakwazi na, ungakwenza; ungakwaz' ukugida lathi
    na?
  Ungakwazi na, ungakwenza; ungakwaz' ukugida lathi
    na?

"Akutsho luth' ukuthi sifikephi?" kuphendul' inhlanzi
emaxolo,
"Kukhon' oluny' ukhunji, ukhunji ngale ngaphetsheya.
Lungaphesheya kude leNgilandi kodwa duzane leFuransi—
Mus' ukudangala, mnenke sithandwa, woz' uzogida lathi,
  Uzakuza, awuz' ukuza na, uzakuza, awuz' ukuza na,
    uzakuza na sizogida?
  Uzakuza, awuz' ukuza na, uzakuza, awuz' ukuza na,
    awuz' ukuza na sizogida

"Ngiyabonga kakhulu, kuyathokozisa ngempela ukubukela umgido lo," kwatsho u-Alice, ejabula ukuthi suze waphela ekucineni: "Ngiyithandile futhi lengoma leya ekamadevu emnandi!"

"Kodwa mayelana labomadevu-ke," kutsho uGongwe-
manga, "ba—ngithemba uyake ubabone, angithi?"

"Yebo," kutsho u-Alice, "Ngangivame ukubabona
ekudle—" waphanga wazikhuza.

"Angazi-ke ukuthi kungaphi 'Ekudle' lapho?" kutsho
uGongwemanga, "Kodwa-ke nxa uvame ukubabona kanga-
ko, kutsho ukuthi uyabazi-ke."

"Ngithemba kunjalo," kuphendula u-Alice ejula emcaba-
ngweni. "Balamadevu emilonyeni yabo, babe sebesiba lemvu-
thu umzimba wonke."

"Cha, uyaphaphalaza mayelana lemvuthu," kutsho uGo-
ngwemanga. "Phela imvuthu zingagezeka ziphele olwandle.
Khona kuliqiniso ukuthi balamadevu emilonyeni, isizatho
salokho yikuthi—" Ngaleso sikhathi uGongwemanga waza-
mula, wacimeza. "Ake umtshele isizatho lakho konke
okunye," watsho eqondise kuSilwanekhozi.

"Isizatho yikuthi," kuqale uSilwanekhozi, "omadevu
babezoya emgidweni labomankala. Kwenzeka-ke ukuthi
baphoselwe olwandle. Lapho-ke bawela kude phakathi
kolwandle; bakhula khonale baze bakhula indevu. Injalo-ke
indaba yakhona."

"Ngiyabonga," kutsho u-Alice, "iyamangalisa indaba
yabomadevu. Kunengi ebengingakwazi ngabo."

"Ngingakutshela okunengi kulalokho nxa ufuna," kutsho
uSilwanekhozi. "Uyazazi ezinye inhlazi ezibizwa ngokuthi
ngama-*whiting* ngesiNgisi?"

Anqekuze ikhanda u-Alice.

"Uyasazi isizatho sokuthi zibizwe njalo?" Abuze njalo
uSilwanekhozi.

"Angikaze ngicabange ngakho," kutsho u-Alice. "Yini
isizatho?" abuze u-Alice emangele.

"Kulungiswa ngazo amabhutsu lezicathulo," kutsho
uSilwanekhozi ngokuzotha.

U-Alice wadideka kakhulu manje, "Kulungiswa ngazo amabhutsu lezicathulo?" awaphinde amazwi kaSilwanekhozi kodwa esengumbuzo.

"Umangaliswa yini? Ezakho izicathulo zicazimuliswa yini?" kubuza uSilwanekhozi.

U-Alice wakhangela phansi ebuka izicathulo zakhe, qede waphendula ngemva kokucabangisisa: "Ngikholwa ukuthi zicazimuliswa yipholitshi emnyama."

"Amabhutsu lezicathulo ngaphansi kolwandle," kutsho uSilwanekhozi ngelizwi eliqatha, "zicazimuliswa zinhlanzi okuthiwa ngama-*whiting*. Usukwazi manje."

"Kanti zona izicathulo zivele zenziwe ngani?" wabuza u-Alice efuna ukuqondisisa.

"Ngamasoli lezikhumba, kanti awazi?" waphendula uSilwanekhozi ecunukile. "Lasiphi na isilima besizokutshela lokho."

"Ukuba benginguMadevu," watsho u-Alice elokhe ecabanga ngeculo, bengizathi kuFudu: 'Ake uncede uhlehlele emuva, asikufuni lapha eduze kwethu.'"

"Kwakufanele omadevu bahambe laye," kwatsho uGongwe-manga, "Ayikho inhlanzi ehlakaniphileyo engaphonguhamba nje yodwa."

"Kambe?" kutsho u-Alice ngokumangala okukhulu.

"Ngempela," kuphendule uGongwemanga, "Nxa inhlanzi ingafika ingitshela ukuthi ilohambo, mina bengiyingabuza ngithi, 'Uhamba ngani?'"

"Kutsho ukuthi ubuzobuza lokuthi uhambo lwayo ngo-lwani?" kubuza u-Alice.

"Hayi wena, mina ngikhuluma indaba yokuphelekezelwa kuphela," kuphendula uGongwemanga ngephimbo lokucu-nuka. USilwanekhozi yena wengeza ngokuthi: "Ake sizwe ngezakho insumansumane."

"Hayi-ke ngingaqala ngezimanga ezingehlele kusukela ekuseni," kutsho u-Alice sakuthandabuza, "kodwa akuzukusiza ukubuyela emuva kokwayizolo, ngoba izolo bengingomunye nje umuntu."

"Ake ukuchaze-ke lokho," kutsho uGongwemanga.

"Cha bo, mina ngifuna ukuzwa ngezimanga kuqala," kutsho uSilwanekhozi ngephimbo losephitshekile, "Ingcazelo yikubala amabala engwe."

Waqala-ke u-Alice ebalandisela ngezakhe izimanga, kusukela ngesikhathi ebona uMvundla Mhlophe. Wayelovalo oluncane lapho esaqala ukuxoxa ngoba zombili izinanaka-zana zasezithe nama macele wonke, zimvulele amehlo lemilomo engaka, kodwa uthe lapho eseqhubeka wathola isibindi. Abalaleli babethule du, kwaze kwafika lapho ayephinda khona ukuthi: "Usugugile Malume Mangilazi", kuCimbi, kodwa amazwi aphuma ehlukile. UGongwemanaga wahotsha umoya omnengi, wasesithi: "Kwaze kwayinsuma-nsunsumane ngempela."

"Ngempela khona kuxakile," kutsho uSilwanekhozi.

"Kuzwakala kwehlukile nje!" kuphindaphinda uGongwe-manga ecabangisisa. "Uyazi ngifisa ukumuzwa ezama uku-kuphindaphinda manje. Mtshele abuyele emuva." Wabuka uSilwanekhozi, okungathi nguye okufanele alawule u-Alice.

"Sukuma uphindaphinde uthi: 'Yilo ilizwi levilavoxo—'" kutsho uSilwanekhozi.

"Hawu, manje sekuyizinanakazana ezilawula abantu zibenze baphindaphinde amazwi!" kucabanga u-Alice. "Kungcono ngivele ngizibuyelele esikolo, ngokushesha." Kodwa wasukuma waqala ukuphindaphinda, loba nje engqondweni yakhe kwakugqame isithombe sikamankala okwenza angasazizwa akutshoyo, amazwi aphuma kuye engezwakali nje kahle:—

"Yilo ilizwi likaMankala: ngamuzwa esitsho,
'Wena ungibhake ngansundu okwedlulisileyo, sekumele
ngigcob' inwele zami ngetshukela.'

Njengokwenza kwedada ngamajwab' amehlo, laye usebenzis'
*   ikhala lakhe*
Abophe ibhanti alungis' izikopela, akhiphele ngaphandl'
*   amazwane akhe.*
Nxa isanti isiwomile, ujabula acul' okwentak' entwasahlobo,
Kodwa abuye akhulume, aqholoze njengengwenya emfuleni:
Kodwa kuthi lapho igagasi lolwandle selikhuphuka
*   lezingwenya zizulazula,*
Ilizwi lakhe bese lithamba lize livevezele."

"Lokhu akufanani lengangikutsho ngiseseyingane," kutsho uSilwanekhozi.

"Lami ngokufanayo. Angikaze ngikuzwe lokhu," kutsho uGongwemanga; "kodwa kuzwakala kungumbhedo ongajwayelekanga."

U-Alice wathula, wahlala phansi, wamboza ubuso bakhe ngezandla engasazi ukuthi izinto ziyophinda yini zenzeke ngokwejwayelekanga.

"Ngicela ukuba uyichaze le nto oyitshoyo," kutsho uGongwemanga.

"Ngeke akwazi ukuyichaza," kungenele uSilwanekhozi. "Qhubeka ngendima elandelayo."

"Kodwa enzani amazwane akhe?" kuphikelela uGongwemanga. "Wayengawakhipha kanjani ngekhala lakhe?"

"Yindlela yokuma yokuqala nxa kudanswa," kutsho u-Alice, kodwa yavele yamdida nje yonke leyo nto, esefisa ukuba itshintshwe indaba okukhulunywa ngayo.

"Qhubeka ngendima elandelayo," kuphindaphinda uSilwanekhozi ngokuphelelwa yisineke. "ngitsho le eqala ngokuthi:
'Ngedlula ngasesivandeni sakhe—'"

U-Alice wazibonela ukuthi wayengela ngenye indlela ngaphandle kokulandela leso sicelo loba wayesazi kahle ukuthi kuzophuma umbhedo futhi, waqhubeka ngelizwi elivevezelayo wathi:—

"Ngedlula esivandeni sakhe, ngabona ngelihlo elilodwa,'"
USikhova loSilwane behlephulelana iphayi;
USilwane wathath' uqweqwe, umhluzi lenyama,
USikhova wathatha umganu njengesabelo sakhe,
Kwath' ekupheleni kwephayi, wabuye wathol' omuny'
   umvuzo,
Ngokuvunyelwa ukuba athathe lokhezo:
USilwane yabhonga ibonga ingqamu lefologwe,
Idili laphethwa ngoku—"

"Kusiza ngani kodwa ukuphindaphinda konke lokhu," kungenela uGongwemanga, "njengoba uzaqhubekela phambili kodwa ungakuchazi ukuthi kutshoni? Le yinsumansumane engingakaze ngiyizwe!"

"Uqinisile, ngibona kugcono ukuthi ume lapho," kutsho uSilwanekhozi. U-Alice yena wabona ukuthi uphenduliwe umthandazo wakhe.

"Ngabe uyafuna sizame esinye isigqi somgido wabomankala?" kuqhubeke uSilwanekhozi, "Kumbe ufuna uGongwemanga akuculele elinye iculo?"

"Hayi, ngingalijabulela iculo, ngithemba uGongwemanga kalankinga ngokungiculela," kuphendula u-Alice ngokulangazelela okukhulu, uSilwanekhozi waze watsho ngephimbo elimunyu wathi: "Yo! Ziyamangalisa izinto ezithandwa ngabanye abantu! Akumculele iculo elithi: *'Umhluzi kaFudu'* jaha elidala!"

UGongwemanga wadonsa umoya kakhulu, qede waqala ukucula, loba nje wayehitshwa yizinyembezi:—

"Mhluz' ommnandi, ojiyileyo omibalabala,
Ulindwe ukub' uphole embizen' etshisayo!
Ngubani kamb' ongathi kawukhwabithi
Mhluzi wakusihlwa, mhluz' omnandi?
    Mhluz' omnandi!
    Mhluz' omnandi!
Mhluzi wakusihlwa
    Mhluz' omnandi, mhluzi!

Mhluz' omnandi! Nguban' olendaba lenyama yenhlanzi,
Inyama yenyamazana yeganga, laziphi na izibiliboco
Nguban' ongathandabuz' ukuziyeka zonke,
Azikhethele wen' otshiphileyo, msobho wamahala.
    Mhluzi wakusihlwa
    Mhluz' omnandi!

Mhluzi wakusihlwa
Mhluz' omnandi!

"Ake uphinde ikhorasi!" kucela uSilwanekhozi. UGongwemanga wathi eqala nje ukuphinda, kwezwakala icilongo limemeza kude lisithi: "Seliyaqala manje icala!" "Woza sihambe!" watsho uSilwanekhozi edonsa u-Alice ngesandla, engasalindi lokuthi iculo liphele. "Kuthethwa liphi icala?" kubuza u-Alice egijima ekhefuzela, kodwa uSilwanekhozi wamane wagijima ngamandla kulakuqala esithi: "Asambe!" Amazwi eculo aqhubeka ezwakala kodwa esekhatshana esithi:—

"Mhluzi wakusihlwa
Mhluz' omnandi!"

ISAHLUKO XI

Ngubani oweba amakhekhe?

INkosi leNdlovukazi babehlezi ezihlalweni zabo zobukhosi lapho befika, begonjolozelwe lixuku lemihlobo yonke yezinyonyana lezinyamazana lamakhasi wonke: uJeki emi phambili ebotshwe ngamaketane njalo ephahlwe ngamabutho amabili. Eduze kweNkosi kwakumi uMvundla Mhlophe, ephethe icilongo ngesinye isandla, kanye lebhuku elikhulu ngesinye. Phakathi laphakathi kwenkundla kwakuletafula, elalilenditshi enkulu egcwele amakhekhe. Ayekhanga amakhekhe, egobhozisa amathe okwenza u-Alice wahle wahlaselwa liphango. "Sengathi icala leli lingathethwa masinyane," wacabanga u-Alice, "khona bezasipha ezifela emlonyeni." Ngeshwa kwakusobala ukuthi izifiso zakhe azisoze zifezeke, ngakho waqala ukuthalaza indawo yonkana ukuze achithe isikhathi.

U-Alice wayengakaze abe semthethwandaba, kodwa wayebale ngezenkantolo engwalweni. Ngakho wajabula ukuthi wayewazi phose wonke amagama ezemthethwandaba.

"Lowana nguMahluli," ekhuluma ngenhliziyo, "ngoba egqoke ingowane enkulu."

UMahluli phela kwakuyiNkosi; yayifake umqhele wobukhosi phezu kwengowane (khangela umfanekiso nxa ufuna ukubona ukuthi yayigqoke njani). Yayibonakala ingakhululekanga, into eyayingahambelani lesikhundla sayo.

"Leliyana lidale," kucabanga u-Alice. "Laleziya izidalwa ezilitshumi lambili," (kwakufanele athi 'izidalwa' ngoba kwakuzinyamazana lenyoni) sengathi yizo amalunga edale.

Walitsho lelo gama lokucina kabili kathathu, elitsholo ngaphakathi, kubonakala ukuthi uyaziqhenya ngalolo lwazi lwakhe, ngoba wayecabanga, kufanele futhi, ukuthi ambalwa amantombazana angangaye akwaziyo konke lokhu. Labesilisa mhlawumbe abamedluli.

Amalunga edale alitshumi lambili ayematasatasa kakhulu ebhala. "Benzani?" u-Alice enyenyeza endlebeni kaSilwanekhozi. "Akufanelanga babe lolutho lokubhala icala lingakaqali ukuthethwa."

"Okwamanje basabhala amagama abo," waphendula laye enyenyeza uSilwanekhozi. "Besaba ukuthi kungenzeka bawakhohlwe amagama abo icala lingakaze liphele."

"Yiziphukuphuku zangempela phela!" U-Alice waphumisela ngokucaphuuka; wabuye wazibamba masinyane, ngoba phela lavele lezwakala ilizwi likaMvundla Mhlophe limemeza lisithi: "Ukuthula enkantolo!" INkosi yabuyisela amangilazi ayo emehlweni, yathalaza ngokukhathezeka ukuthi ngabe kwakungubani owayekhuluma.

U-Alice wananzelela ngokulunguza ngaphezu kwamahlombe amalunga edale ukuthi "kwakungumbhedo wodwa", wabona lokuthi omunye wabo wayesehlulwa yikupela igama elithi: "isiphukuphuku", waze wabuza omunye owayehlezi eduze kwakhe ukuthi konje lipelwa kanjani. "Kutsho ukuthi amaphepha abo azobe egcwele amanyala icala lingakapheli," kucabanga u-Alice.

Usiba lwelinye lamalunga ledale lwalubanga umsindo onengayo. U-Alice kazange anelise ukukumela lokhu. Wabhoda waya ngemuva kwenkantolo, wafika kulelo lunga waluthi hluthu usiba. Lokhu wakwenza ngokuphazima kwelihlo okwenza ilunga elaliyisinanakazana esincane (leli lunga kwakunguBill, uMbankwa) lingaqedisisi ukuthi kudluleni, ladinga yonke indawo laze labeka phansi. Ekucineni labhala ngomunwe ilanga lonke. Lokhu kwaba ngumdlalo nje ngoba umunwe wawungatshiyi bala ephepheni.

"Mtshutshisi, akusethulele umlandu wakhe!" kwatsho iNkosi.

Ngaleso sikhathi uMvundla Mhlophe wavuthela icilongo kathathu, wasevula ugwalo lwakhe waqala ukubala:—

"Ngemin' enhle yehlobo,
INdlovukazi yabhak'amakhekhe:
UJeki wawatshontsha amakhekhe,
Wabaleka ngejuban' elikhulu kakhulu."

"Yethulanini isinqumo senu-ke," kwatsho iNkosi ikhangele idale.

"Cha, ngicela ume kancane," kutsho uMvundla Mhlophe engenela masinya. "Kusekunengi okumele kwenziwe ngaphambi kwalokho!"

"Bizani ufakazi wokuqala," kutsho iNkosi. UMvundla Mhlophe waselivuthela kathathu icilongo, wamemeza esithi; "Ufakazi wokuqala!"

Ufakazi wokuqala kwakunguMakepesi. Wangena ephethe inkomitsho yetiye ngesinye isandla, ngesinye ephethe isinkwa esigcotshwe ibhata. Waqala wathi: "Ungixolele, Nkosi, ngokufika ngiphethe lokhu, yingoba bengingakaqedi ukunatha itiye yami ngesikhathi ngibizwa kuthiwa angingene."

"Kumele ukuthi ngabe usuqedile ukudla," kutsho iNkosi. "Uqale nini?"

UMakepesi wakhangela uMvundla Wezibomvini owayemlandele ngesikhathi ezongena enkantolo, egonane loMpuku. UMakepesi wathi: "Ngicabanga ukuthi zazilitshumi lanye ngoMbimbitho."

"Zazilitshumi lanhlanu," kutsho uMvundla Wezibomvini.

"Zazilitshumi lasithupha," kwengeza uMpuku.

"Kubhaleni phansi lokho," kutsho iNkosi ibhekise edale: ngempela amalunga edale azibhala zontathu lezi zinsuku emaphepheni awo, azihlanganisa qede azohlulahlula ngezilinganiso zemali, amasheleni lamapeni.

"Yethula ikepesi yakho," kutsho iNkosi kuMakepesi.

"Ayisiyo yami," kutsho uMakepesi.

"Intshontshiwe!" kwakhalima iNkosi. Amalunga edale abhala phansi ngokuphangisa eluhlwini lwemininingwana yamaqiniso.

"Ngiyawathengisa amakepesi," kuchaza uMakepesi, "Ayisiyo eyami. Phela nginguMakepesi ngoba ngisenza amakepesi okuthengisa."

Ngaso leso sikhathi iNdlovukazi yafaka amangilazi ayo, yathi nhlo amehlo ayo kuMakepesi, owaqala ukutshukuza ephatha lapha lalapha.

"Ake wethule ubufakazi bakho," kutsho iNkosi, "Cha, ungatatazeli ngoba ngizosuke ngithi mawususelwe amanqe khona manje."

Lokho akuzange kwamnceda ufakazi. Waqhubeka ngokutshedatsheda, wama ngalolu unyawo wabuye wama ngolunye ngapha ekhangele iNdlovukazi ngokukhulu ukwesaba. Kuleso siphithiphithi wahlephuna inkomishi yetiye ayiluma ecabanga ukuthi uluma isinkwa sakhe esilebhata.

Lapho u-Alice wafikelwa yikungaqondisisi into eyayisenzeka emzimbeni wakhe, wakhathazeka kakhulu waze waqala ukuzwisisa ukuthi kwakuyini. Phela wayeseqala ukukhula futhi, kwaze kwathi asukume aphume lapha emthethwandaba; kodwa wabuye wazimisela ukuhlala elethemba lokuthi indawo elapho izomenela lanxa esekhulile.

"Ngicela ungangiminyi," kwatsho uMpuku owayehlezi eduzane kwakhe, "Angisanelisi lokuphefumula."

"Akulanto engingayenza lami," kutsho u-Alice engathi ulenhloni, "phela ngiyakhula."

"Awulalungelo lokuzokhulela lapha!" kutsho uMpuku.

"Musa ukungibhedela lapha," kutsho u-Alice isibindi sesithe gidi! "Uyazi ukuthi lawe uyakhula khonapha nje?"

"Vele ngiyazi, kodwa mina ngikhula okulengqondo," kutsho uMpuku, "Hatshi lesi simanga sakho." Watsho lamazwi abuhlungu esukuma, wayahlala ngakwelinye icele enkantolo.

Kusenzeka konke lokhu, iNdlovukazi yayilokhe igqolozele uMakepesi, kwathi lapho uMpuku equma inkantolo esiyahlala kwelinye icele yasisithi kwesinye sezisebenzi zenkantolo: "Nginika uluhlu lwabaculi bekhonsathi esanda kudlula!" Lapho uMakepesi waqhaqhazela, waze wakhipha izicathulo zakhe sezimtshisa.

"Ngithi sinike ubufakazi bakho," kuphinda iNkosi ngolaka, "nxa ungakwenzi lokho, uzosuselwa amanqe! Angikhathali ngokuqhaqhazela kwakho!"

"Mina ngiyindoda empofu, Nkosi yami," kutsho uMakepesi eqala ukukhuluma ngephimbo elivevezelayo. "Akukadluli laviki kwenzekile, ngangingakaqali lokunatha itiye, locezwana lwesinkwa esilebhata lukhanyisela ilanga ngapha itiye ijiyile.

"Ijiyiswe yini?" kubuza iNkosi.

"Luchago," kuphendula uMakepesi.

"Lami ngiyazi vele ukuthi itiye ingajiyiswa luchago," kutsho iNkosi ngelizwi elikhalimayo. "Ucabanga ukuthi ngiyisilima yini? Qhubeka!"

"Ngiyindoda empofu," kuqhubeka Makepesi, "zonke izinto zabonakala sengathi zijiyile ngemva kwalokho— nguMvundla Wezibomvini kuphela owathi—"

"Angizange ngitsho mina!" waphika ngokushesha uMvundla Wezibomvini.

"Watsho!" waphikelela uMakepesi.

"Ngiyakuphika lokho," waphinda njalo uMvundla Wezibomvini.

"Uyakuphika nje," kutsho iNkosi, "Ake uyiyeke-ke leyo."

"Lanxa kunjalo, uMpuku wathi—" kuqhubeka uMakepesi, ethalaza ekhathazekile ukuthi loMpuku angaphika, kodwa kazange akwenze lokho ngoba phela wayesezitshayela obukaBhuka.

"Ngemva kwalokho," kuqhubeka uMakepesi, "ngasika esinye isinkwa ngasifaka ibhata—"

"Uthe uMpuku wathini?" kwabuza elinye lamalunga edale.

"Angisakhumbuli," kutsho uMakepesi.

"Kuzamele ukhumbule," kwaphawula iNkosi, "nxa ungakhumbuli uzasuselwa amanqe."

UMakepesi wayesehlulukelwe, inkomitsho yetiye lesinkwa kwamphunyuka. Waseguqa phansi ngedolo. "Nkosi yami, ngiyindoda empofu!" etsho eqhubeka ezicelela uxolo.

"Uyindoda empofu lasemlonyeni, awukwazi lokukhuluma," kutsho iNkosi.

Ngaleso sikhathi enye imbila yehluleka ukuzibamba yatshaya izandla, kodwa yaphanga yathuliswa yizisebenzi zenkantolo ngokuyincindezela. (Njengoba ukuncindezela kuligama elinzinyana, ngizalichasisela ukuthi bakwenza kanjani lokhu. Bathatha isaka elilomlomo walo obotshwa ngentambo, bayihlohla phakathi imbila, beqala ngekhanda, qede bahlala phezu kwayo.)

"Ngiyajabula kakhulu ukuthi lamuhla ngizibonele ngawami la isenziwa into le," kucabanga u-Alice. "Ngihlala ngifunda ngayo emaphepheni, ukuba iyenziwa ekuphethweni kokuthethwa kwecala, lapho kuthiwa: 'Kube lomzamo wokutshaya izandla, kodwa wasuncindezelwa yizisebenzi zenkantolo.' Engingakuzwisisyo yikuthi yenzelwani yonke into le."

"Nxa kuyikho lokho kuphela okwaziyo ungehla ebhokisini lofakazi," kuqhuba iNkosi.

"Angisakwazi ukwehla ukwedlula lokhu," kutsho uMakepesi, "ngoba vele sengiguqe phansi ngedolo,"

"Hlala phansi-ke," kucacise iNkosi.

Enye imbila yatshaya izandla njalo, layo yabuye yancindezelwa.

"Awuzwa-ke, seziphelile-ke imbila!" kucabanga u-Alice.

"Kutsho ukuthi sesizoqhubeka ngconywana."

"Ngicela ukuqedisa itiye yami," kutsho uMakepesi ekhangele iNdlovukazi ngokwesaba, yona eyayizibalela uluhlu lwabaculi.

"Usungahamba," kutsho iNkosi. Waphuma ngokushesha uMakepesi enkantolo, waze walibala lokugqoka izicathulo zakhe.

"—limsusele amanqe phandle," kwangenela iNdlovukazi ilayela kwesinye sezisebenzi zenkantolo. Kodwa uMakepesi wayesedliwe yinto ngesikhathi isisebenzi sifika emnyango.

"Bizani ufakazi olandelayo!" kutsho iNkosi.

Ufakazi owalandelayo kwaba nguMpheki weNkosazana.

Wayephethe ibhokisi lebilebile ngesandla, u-Alice wahle wazi ukuthi nguye lapho ebona bonke abantu ababemi eduzane lomnyango sebethimula kokuphela.

"Nika obakho ubufakazi," kutsho iNkosi.

"Angikwazi," kutsho uMpheki.

INkosi yakhangela uMvundla Mhlophe ngokuthuthumela, yena owakhulumela phansi wathi: "Nkosi, usungamtshutshisa ngemibuzo ufakazi."

"Kulungile, ngizakwenza. Akula ngenye indlela," yatsho iNkosi ngezwi elikhononayo. Yagoqa izandla yabutha inhlonzi amehlo aze aphose avaleka. Yasisithi ngebhonga: "Kanje amakhekhe enziwa ngani?"

"Ngokwemvama enziwa ngebilebile," kutsho uMpheki.

"Ngesidabhula," kwatsho ilizwi elozelayo ngemva koMpheki.

"Mlengiseni ngesihitshela uMpuku!" kwaphahluka iNdlovukazi, "Akasuselwe amanqe! Kaphume enkantolo! Mcindezeleni! Mncwebeni lisuse lamadevana akhe!"

Kwasekuyingxabangxoza inkantolo siphithizela, bezama ukukhiphela uMpuku phandle. Ngesikhathi siphela leso siphithiphithi uMpheki wayengasabonakali.

"Lingakhathazeki!" kutsho iNkosi isikhululekile. "Bizani ufakazi olandelayo." Yasiqondisa kuNdlovukazi sithi: "Sithandwa, ngicela utshutshise ufakazi olandelayo ngemibuzo. Uvele angisanganise ikhanda mina!"

U-Alice wabukela uMvundla Mhlophe ebamba eyeka uluhlu lwabantu, efuna ukwazi ukuthi ingabe ngubani ufakazi olandelayo, "Phela kuyacaca ukuthi abakabi labo ubufakazi obubambekayo," watsho ezicabangela. Habe! Nango-ke uMvundla Mhlophe ngelizwana eliphezulu elifunda igama lakhe esithi: "Alice!"

Ubufakazi buka-Alice

"Ngilapha!" kumemeza u-Alice, esekhohliwe kulesi siphithiphithi ukuthi wayesekhule kangakanani ngemizuzu embalwa esanda kwedlula. Wathi lapho eseqa ngokuphangisa, umphetho wesiketi sakhe wadlula ugqegwa ibhokisi lamalunga edale ayawela phezu kwamakhanda ebandla phansi. Lokhu kwaze kwamhumbuza isehlakalo esifana lalesi ngeviki ephelileyo lapho akutula khona umgqomo wenhlanzi ezifuywa endlini. "Ngicela uxolo bandla!" watsho ememeza ngokunengeka. Waseqala ukuwadobha ngokukhulu ukushesha. Phela isehlakalo sengozi yezinhlanzi sasilokhe sisekhanda lakhe. Ngakho wayengaqinisekanga ukuthi kumele abuyiselwe ebhokisini amalunga edale lokuthi babezakufa na nxa engababuyiselanga.

"Icala alisoze liqhubeke lithethwa," kutsho iNkosi ngelizwi elikhulu, "amalunga onke edale aze abuyele endaweni yawo. Ngithi onke!" yaphinda ngokugcizelela, amehlo ahlabayo ethe nhlo ku-Alice.

U-Alice wakhangela ebhokisini lamalunga edale, wananze-
lela ukuthi ngesikhathi ewabuyisela ngokutatazela wayefake
uMbakwa wamgonqomisa, ikhanda lakhangela phansi. Yikho
nje wayeselokhe etshikizisa umsila kabuhlungu, kodwa enga-
kwazi ukuphunyuka. U-Alice waphanga wamhlenga wambe-
ka kahle: "Loba nje ngingaboni ukuthi kuzasiza," watsho
ezicabangela: "akuzukuba lomehluko ekuthethweni kwecala
lanxa kukhangele phezulu."

Kungekudala amalunga edale esephumile phakathi
kokwethuka, amaphepha lamapenseli awo esefunyenwe
abuyiselwa ngakubo, basebehleli sebelungisele ukubhala

phansi yonke indaba, ngaphandle kukaMbakwa yena owayelokhe ephakathi kwesithuli, ehleli evule umlomo wakhangela phezulu ephahleni.

"Wazini ngalo lonke lolu daba?" kubuza iNkosi ku-Alice.

"Angazi lutho," kutsho u-Alice.

"Ngitsho lokuncane kodwa lokhu?" kuphinde iNkosi.

"Lutho mpela," kutsho u-Alice.

"Kuqakathekile kakhulu lokho," kutsho iNkosi ikhangela kumalunga edale. Amalunga edale aqala ukubhala emaphepheni awo, kodwa kwangenela uMvundla Mhlophe owathi: "INkosi iqonde ukuthi *akuqakathekanga*," etsho ngenhlonipho enkulu, kodwa ekhangele iNkosi ehwaqile.

"Vele bengisithi akuqakathekanga," kutsho iNkosi masinyane, qede yaqhubeka iphindaphinda ngephimbo eliphansi isithi: "Kuqakathekile, akuqakathekanga, kuqakathekile, akuqakathekanga," ingathi ayisaqinisekanga ukuthi igama elifaneleyo yiliphi.

Amanye amalunga edale abhala ukuthi, "kuqakathekile", kodwa amanye abhala elithi, "akuqakathekanga". U-Alice wayekubona konke lokhu ngoba weyeseduze lamaphepha abo. "Vele akuqakathekanga," ezicabangela.

Ngaleso sikhathi iNkosi, eyayikade ikhangele egwadlwaneni lwayo yezwakala isikhwaza isithi: "Ukuthula!" qede yasifunda egwalweni lwayo: "Umthetho wamashumi amane lambili uthi: *Bonke abantu abangaphezu kwemayili ukubude kababaphume enkantolo.*"

Bonke bathapha u-Alice ngamehlo.

"Ubude bami abufiki imayili," kutsho u-Alice.

"Buyimayili," kutsho iNkosi.

"Kahle kahle uphose ube ngamamayili amabili," kwengeza iNdlovukazi.

"Ngilusizi ngoba angizukuhamba." kutsho u-Alice. "Phezu kwalokho, akusiwona umthetho ojwayelekileyo lowo, kodwa ngelizikhandele wona manje."

"Lo ngumthetho omdala kulayo yonke emabhukwini," kwatsho iNkosi.

"Nxa kunjalo bekumele ube ngowokuqala," kutsho u-Alice. INkosi yavele yaphelelwa, yavala ugwalo lwayo ngokupha-ngisa. "Sethuleni-ke isinqubo senu," itsho ikhangele amalunga edale ngelizwi eliphansi eliqhuqhayo.

"Busebunengi ubufakazi okumele bethulwe, Nkosi," kutsho uMvundla Mhlophe eseqa ngokuphangisa, aqhube njalo athi: "Nanti iphepha elisanda kudojwa phansi."

"Kuyini okukulelo phepha?" kubuza iNdlovukazi.

"Bengingakalivuli," kutsho uMvundla Mhlophe, "kodwa ungathi yincwadi ebhalwe yisibotshwa, isiya komunye umuntu."

"Kungaba njalo," kutsho iNkosi, "ngaphandle nxa iyincwadi engabhalelwanga muntu, into engejayelekanga."

"Ngabe iqondiswe kubani?" kubuza elinye ilunga ledale.

"Ayiqondiswanga emuntwni," kutsho uMvundla Mhlophe, "ngempela akulalutho olubhaliweyo ngaphandle kwayo." Ukhuluma nje eseyivula. Wengeza ngokuthi: "Hawu! Akusiyo ncwadi, yiziqendu zenkondlo."

"Ngabe lezi ziqendu zibhalwe ngesandla sesibotshwa?" kubuza elinye ilunga ledale.

"Cha, akunjalo," kutsho uMvundla Mhlophe, "yiyo kanye into ephica ngempela." (Wonke amalunga edale abonakala edidekile.)

"Kungenzeka ukuthi ulungisele isandla somunye," kutsho iNkosi. (Bangathi buyancibilika ubuso belunga ledale.)

"Ngiyacela Nkosi," kwatsho uJeki, "ayibhalwanga yimi, futhi akulabufakazi bokuthi yimi; akukho lagama elisayiniweyo ekucineni."

"Nxa ungayisayinanga," kutsho iNkosi, "lokho kwenza icala lakho libe libi kakhulu. Kutsho ukuthi kade uvele ujonge ukuganga, ngoba ngabe kade uyindoda eqotho kade uzasayina igama lakho."

Inkundla yonke yatshaya izandla, phela kwakuyinto yokuqala elongqondo ukuphuma emlonyeni weNkosi ngalelo langa.

"Lokho kuyibufakazi bokuthi ulecala," kutsho iNdlovukazi: "ngakho-ke maka—"

"Ngitsho! Akulabufakazi lapha," kutsho u-Alice. "Hawu, alikwazi lokuthi lezi ziqendu zithini!"

"Zifundeni-ke," kutsho iNkosi.

UMvundla Mhlophe wagqoka amangilazi akhe, qede wathi, "Ngicela ukubuza, Nkosi, ukuthi ngiqale ngaphi?"

"Kuqalwa ekuqaleni," kutsho iNkosi ngelikhalimayo, "kucinwa ekucineni."

Kwathula kwathi cwaka enkantolo, lapho uMvundla efunda inkondlo le:—

"Bangitshelil' ukuthi kade wethekelel' inkosikazi,
Waliphath' igama lami kuyo:
Yasincoma isimilo sami,
Kodwa yath' angikwaz' ukubhukutsha.

Uthumel' ilizwi lokuthi angiyanga ndawo,
(Siyazi ukuthi lokho liqiniso)
Nxa inkosikazi ingayitshutshisa l' indaba,
Kambe ungaba yini wena?

Inkosikazi ngayiph' okukodwa, indoda bayinik' okubili,
Wena wasinika okuthathu kuyisa phezulu;
Konke kwabuyiselwa kuwe,
Loba kwakuqale kungokwami.

Nxa mina kumbe inkosikazi kungenzeka
Ukuthi siphatheke kulolu daba,
Wena kuzofanele usidedele,
Sikhululeke njengasakuqaleni.

Mina phela bengilokhe ngikholelwa
(Ngaphambi kokuba inkosikazi iqaleke)
Ukuthi wena wawuvimbile phakathi laphakathi
Kwakhe, lathi kanye lakho.

Ungayithi vu endoden' ukuthi inkosikazi ibiwathanda
phezu kwakho konke,
Lokhu kumele kuhlale kunjalo,
Kuyimfihlo ezafihlelwa bonke,
Igcinwe phakathi kwakho lami. "

"Lobu yibufakazi obusobala ebesingazange sibuthole ilanga lonke," kutsho iNkosi, ihlikihla izandla; "Sekuyi-sikhathi sokuthi idale lethule—"

"Nxa ekhona phakathi kwamalunga edale ongasipha ingcazelo yalokho okufundiweyo," kutsho u-Alice, (phela wayesekhule kakhulu kule mizuzu eyedlule engasakutshayi ndiva lokuphazamisa iNkosi), "ngizamnika amapeni ayisi-thupha, ngoba angikholwa ukuthi kukhona lohlamvu lomqondo kokubhalwe kuleli phepha."

Wonke amalunga edale abhala emaphepheni esithi: "Kakholwa ukuthi kuiohlamvu lomqondo kokubhalwe kuleli phepha." Kodwa kakho lamunye wabo owazamayo ukuchaza okusephepheni.

"Nxa kungekho mqondo kuleli phepha," kutsho iNkosi, "kutsho ukuthi indaba yethu sisonjululwe, akula sidingo sokuwufuna. Kodwa angazi," yatsho iqhubeka, ichaya kakuhle edolweni layo iphepha elileziqendu ebezifundwa, izikhangela ngelihlo elilodwa, "ngoba mina ngiyawuthola umqondo kulo umzila othi: '—*Kodwa yath' angikwaz'* *ukubhukutsha—*' angithi vele awukwazi ukubhukutsha?" yengeza, ikhangela kuJeki.

UJeki wamane wanyikinya ikhanda ngokudabuka, qede wathi: "Kambe ngibukeka angathi ngiyakwazi?" (Okwakusobala njengoba wayedalwe ngebhokisi).

"Kulungile, konke kusahamba kahle" kutsho iNkosi, yaqhubeka ifunda iziqendu izingunguna ize ifike lapho okuthiwa: "'*Siyazi ukuthi lokho liqiniso*'—lidale phela leli— '*Nxa inkosikazi ingayitshutshisa l' indaba*'—kutshiwo iNdlovukazi—'*Kambe ungaba yini wena?*'—Ngempela uzoba yini?—'*Inkosikazi ngayiph' okukodwa, indoda bayinik' okubili*'—okuyini, nxa kungasiwo amakhekhe."

"Kodwa iyaqhubeka: '*konke kwabuyiselwa kuwe*'," kutsho u-Alice.

"Ngenxa yani, ngoba nankayana ethebulini!" kwatsho iNkosi ngokujabula izibona isiyisombulule indaba. "Akukho ukucaca ukudlula lokhu. Kodwa kubuye kuthiwe—'*Ngaphambi kokuba inkosikazi iqaleke,*'—nxa ngikhumbula kahle, awukaze uqaleke, mntakwethu," itsho iqondise ku-Ndlovukazi.

"Angikaze!" kutsho iNdlovukazi isithukuthele, ikhuluma ilahlela isitsha seyinki kuMbankwa. (UBill weNkosi, owaye-sekade eyekile ukubhala ngomunwe ngemva kokunanzelela ukuthi uchitha isikhathi njengoba kwakungasali mabala lapha adlule khona; waphanga waqhubeka esebhala masinyane esebenzisa iyinki eyayijuluka ebusweni bakhe, ejahe ukuthi ingapheli.)

"Ngakho-ke igama lokuqaleka alihambelani lawe," kutsho iNkosi ithalaza enkantolo yonke ngapha ibobotheka. Kwathula kwathi cwaka.

"Kudlalwa ngamazwi lapha!" yengeza iNkosi isilolaka, abanye bonke behleka. "Idale alethule isinqumo," kutsho iNkosi, kungasaziwa ukuthi la mazwi isiwaphinda okwe-singaki.

"Chabo bo!" kutsho iNdlovukazi. "Akuphume isigwebo kuqala, besekulandela isinqumo ngemva."

"Ngumbhedo-ke lowo!" kwaklabalala u-Alice. "Wake wakuzwa ngaphi ukuthi kuqala isigwebo?"

"Qaphela umlomo wakho wena," kwatsho iNdlovukazi igazi layo selibila.

"Angisoze ngithule mina!" kuphikelela u-Alice.

"Msuseleni amanqe!" kumemeza iNdlovukazi. Akuzange kunyakaze muntu.

"Ngubani oselendaba nawe?" kubuza u-Alice (ngalesi sikhathi wayesekhule waze wafinyelela ebukhulwini bakhe bangempela). "Awusilutho wena, ngaphandle kokuba yinqwabana yamakhasi okudlala nje!"

Uthe esetsho njalo, yaphakamela emoyeni yonke inqwaba yamakhasi, yaphapha yaze yazowela phezu kwakhe. Wazama ukuhlaba umkhosi ngenxa yovalo lolaka ngapha ezama ukuwavimba. Waphaphama, wazithola eselele ekhunjini lomfula, ikhanda lakhe liqamele ethangazini likadadewabo owayesusa amahlamvu omileyo ayewela ebusweni buka-Alice esuka esihlahleni.

"Vuka, Alice, mntakwethu!" kutsho udadewabo, "Hawu, yikulala bani lokhu?"

"Hawu, bengiphupha insumansumane yephupho!" kutsho u-Alice. Wasemlandisela-ke udadewabo zonke izehlakalo osubale ngazo. Uthe eqeda ukulandisa, udadewabo wamanga, qede wathi kuye: "Ngempela bekuyinsumansumane yephupho, mntakwethu, kodwa gijima uyonatha itiye yakho, isikhathi sesihambile." Wasuka egijima u-Alice, ugijima nje elokhe ecabanga ngezimanga zephupho lakhe.

Udadewabo ka-Alice wasala lapho ayehlezi khona, eyamise ikhanda lakhe esandleni, ebukela ilanga litshona, ngapha ecabanga ngomnawakhe u-Alice lensumansumansumane zakhe. Kanti ubuthongo busazomthola, walala laye waqala ukuphupha!

Waqala waphupha ngo-Alice: wabona izandla zakhe ezincane zibambelele edolweni, lamehlo akhe ankanyazelayo ethe nhlo ezinhlavini zawakhe—wezwa lephimbo lakhe, qede wambona esetshekisa ikhanjana lakhe esusa inwele ezazingena emehlweni. Kusenjalo wayelokhe elalele, kumbe ezenza angathi ulalele, indawo yonkana eyayimgombolozele yagcwala zonke izinanakazana ezazisephutsheni lomnawakhe.

Utshani obude batshwakaza ezinyaweni zakhe lapho uMvundla Mhlophe edlula egijima—uGundwane owayeyethukile etshaya amanzi lapho ewela echibini eliseduzane— wezwa ukukhala kwamankomitsho etiye lapho uMvundla Wezibomvini labangane bakhe betshaya itiye yabo kanompela, wezwa ukuhlaba kwelizwi leNdlovukazi ilawula ukuba izethekeli zayo ezilomnyama zisuselwe amanqe. Kusenjalo wezwa umntwana wengulube ethimula edolweni leNkosazana ngesikhathi imiganu lenditshi kuphahlazeka indawo yonkana. Ukuklabalala kukaSilwanekhozi, umsindo wepenseli kaMbankwa, lokuklinywa kwembila ecindezelwayo, kwezwakala yonke indawo sekuhlangana lokukhala okuvela le kude kukaGongwemanga obihlayo.

Wahlala-ke lapho, ecimezile esizwa angathi laye ukulelo lizwe lensumansumane loba wayesazi kamhlophe ukuthi uzathi evula amehlo konke kutshabalale abhekane lempilo yemihla lemihla engamniki madlabuzane. Umsindo wotshani wawuzobe uzwakala kuphela nxa kulomoya. Esizibeni kwakuzoba lamagagasi amancane adalwa yikuqhaqhazela komhlanga. Ukukhala kwamankomitsho kwakuzomane kube yikuncencetha kwamakilogo ezimvu. Ukuhlaba kwelizwi leNdlovukazi kwakuzoba yikumemeza komelusi wezimvu—

ukuthimula komntwana kube ngokukaSilwanekhozi. Yonke eminye imisindo engejayelekanga yayizoguquka (njengoba laye evele esazi) ibe yingxube yemisindo yeziphithiphithi zasepulazini. Ukubhonsa kwezinkomo kude le yikho okwakuzothatha indawo yesililo sikaGongwemanga.

Ekucineni, wafikelwa ngumfanekiso womnawakhe eseyintombi ekhulileyo, ecabanga ukuthi wayezakuba njani empilweni yakhe yobudala. Wayembona ekhula lenhliziyo yakhe enhle egcwele uthando. Wayemcabanga lokuthi wayezaziqoqa kanjani ezinye izingane enze amehlo azo aqhakaze, alangazelele ukuzwa ezinye izindaba ezimnandi, mhlawumbe lazo insumansumane zephupho lakudala; lokuthi wayezozizwela kanjani ngezinsizi zazo ezemihla lamalanga, athole ukuthokoza nxa ekhumbula iminyaka yakhe yobuntwana, izinsuku zasehlobo ezazimnika intokozo engelamkhawulo.

Alice's Adventures in Wonderland, by Lewis Carroll 2008

Through the Looking-Glass and What Alice Found There,
by Lewis Carroll 2009

A New Alice in the Old Wonderland,
by Anna Matlack Richards, 2009

New Adventures of Alice, by John Rae, 2010

Alice Through the Needle's Eye, by Gilbert Adair, 2012

Wonderland Revisited and the Games Alice Played There,
by Keith Sheppard, 2009

Alice's Adventures under Ground, by Lewis Carroll 2009

The Nursery "Alice", by Lewis Carroll 2010

The Hunting of the Snark, by Lewis Carroll 2010

The Haunting of the Snarkasbord, by Alison Tannenbaum,
Byron W. Sewell, Charlie Lovett, and August A. Imholtz, Jr, 2012

Snarkmaster, by Byron W. Sewell, 2012

In the Boojum Forest, by Byron W. Sewell, 2014

Murder by Boojum, by Byron W. Sewell, 2014

Alice's Adventures in Wonderland,
Retold in words of one Syllable by Mrs J. C. Gorham, 2010

Alice printed in the Deseret Alphabet, 2014

Alice printed in the Ewellic Alphabet, 2013

Alice printed in the International Phonetic Alphabet, 2014

Alice printed in the Ñspel orthography, 2015

Alice printed in the Nyctographic Square Alphabet, 2011

Alice printed in the Shaw Alphabet, 2013

Alice printed in the Unifon Alphabet, 2014

Elucidating Alice: A Textual Commentary on *Alice's Adventures in Wonderland*, by Selwyn Goodacre, 2015

Behind the Looking-Glass: Reflections on the Myth of Lewis Carroll, by Sherry L. Ackerman, 2012

Clara in Blunderland, by Caroline Lewis, 2010

Lost in Blunderland: The further adventures of Clara, by Caroline Lewis, 2010

John Bull's Adventures in the Fiscal Wonderland, by Charles Geake, 2010

The Westminster Alice, by H. H. Munro (Saki), 2010

Alice in Blunderland: An Iridescent Dream, by John Kendrick Bangs, 2010

Rollo in Emblemland, by J. K. Bangs & C. R. Macauley, 2010

Gladys in Grammarland, by Audrey Mayhew Allen, 2010

Alice's Adventures in Pictureland,
by Florence Adèle Evans, 2011

Eileen's Adventures in Wordland, by Zillah K. Macdonald, 2010

Phyllis in Piskie-land, by J. Henry Harris, 2012

Alice in Beeland, by Lillian Elizabeth Roy, 2012

The Admiral's Caravan, by Charles Edward Carryl, 2010

Davy and the Goblin, by Charles Edward Carryl, 2010

Alix's Adventures in Wonderland:
Lewis Carroll's Nightmare, by Byron W. Sewell, 2011

Aloþk's Adventures in Goatland, by Byron W. Sewell, 2011

Alice's Bad Hair Day in Wonderland,
by Byron W. Sewell, 2012

The Carrollian Tales of Inspector Spectre,
by Byron W. Sewell, 2011

Alice's Adventures in An Appalachian Wonderland,
Alice in Appalachian English, 2012

Alice tu Vāsilia ti Ciudii, *Alice* in Aromanian, 2015

Алесіны прыгоды ў Цудазем'і, *Alice* in Belarusian, 2013

Ahlice's Aveenturs in Wunderlaant,
Alice in Border Scots, 2015

Alice's Mishanters in e Land o Farlies,
Alice in Caithness Scots, 2014

Crystal's Adventures in A Cockney Wonderland,
Alice in Cockney Rhyming Slang, 2015

Aventurs Alys in Pow an Anethow, *Alice* in Cornish, 2015

Alice's Ventures in Wunderland, *Alice* in Cornu-English, 2015

Alices Hændelser i Vidunderlandet, *Alice* in Danish, 2015

La Aventuroj de Alicio en Mirlando,
Alice in Esperanto, by E. L. Kearney, 2009

La Aventuroj de Alico en Mirlando,
Alice in Esperanto, by Donald Broadribb, 2012

Trans la Spegulo kaj kion Alico trovis tie,
Looking-Glass in Esperanto, by Donald Broadribb, 2012

Les Aventures d'Alice au pays des merveilles,
Alice in French, 2010

Alice's Abenteuer im Wunderland, *Alice* in German, 2010

Alice's Adventirs in Wunnerlaun,
Alice in Glaswegian Scots, 2014

Balþos Gadedeis Aþalhaidais in Sildaleikalanda,
Alice in Gothic, 2015

Nā Hana Kupanaha a ʻĀleka ma ka ʻĀina Kamahaʻo,
Alice in Hawaiian, 2012

Ma Loko o ke Aniani Kū a me ka Mea i Loaʻa iā ʻĀleka ma
Laila, *Looking-Glass* in Hawaiian, 2012

Aliz kalandjai Csodaországban, *Alice* in Hungarian, 2013

Eachtraí Eilíse i dTír na nIontas,
Alice in Irish, by Nicholas Williams, 2007

Lastall den Scáthán agus a bhFuair Eilís Ann Roimpi,
Looking-Glass in Irish, by Nicholas Williams, 2009

Eachtra Eibhlís i dTír na nIontas,
Alice in Irish, by Pádraig Ó Cadhla, 2015

Le Avventure di Alice nel Paese delle Meraviglie,
Alice in Italian, 2010

L's Aventuthes d'Alice en Êmèrvil'lie, *Alice* in Jèrriais, 2012

L'Travèrs du Mitheux et chein qu'Alice y démuchit,
Looking-Glass in Jèrriais, 2012

Las Aventuras de Alisia en el Paiz de las Maraviyas,
Alice in Ladino, 2014

Alisis pīdzeivuojumi Breinumu zemē, *Alice* in Latgalian, 2015

Alicia in Terra Mirabili, *Alice* in Latin, 2011

Aliciae per Speculum Trānsitus (Quaeque Ibi Invēnit),
Looking-Glass in Latin, 2014

Alisa-ney Aventuras in Divalanda,
Alice in Lingua de Planeta (Lidepla), 2014

La aventuras de Alisia en la pais de mervelias,
Alice in Lingua Franca Nova, 2012

Alice ehr Eventüürn in't Wunnerland,
Alice in Low German, 2010

Contoyrtyssyn Ealish ayns Çheer ny Yindyssyn,
Alice in Manx, 2010

Ko ngā Takahanga i a Ārihi i te Ao Mīharo,
Alice in Māori, 2015

Dee Erläwnisse von Alice em Wundalaund,
Alice in Mennonite Low German, 2012

The Aventures of Alys in Wondyr Lond,
Alice in Middle English, 2013

L'Aventuros de Alis in Marvoland, *Alice* in Neo, 2013

Ailice's Anters in Ferlielann, *Alice* in North-East Scots, 2012

Æðelgyðe Ellendæda on Wundorlande,
Alice in Old English, 2015

Die Lissel ehr Erlebnisse im Wunnerland,
Alice in Palantine German, 2013

Соня въ царствѣ дива: Sonja in a Kingdom of Wonder,
Alice in Russian, 2013

Ia Aventures as Alice in Daumsenland,
Alice in Sambahsa, 2013

'O Tāfaoga a 'Ālise i le Nu'u o Mea Ofoofogia,
Alice in Samoan, 2013

Eachdraidh Ealasaid ann an Tìr nan Iongantas,
Alice in Scottish Gaelic, 2012

Alice's Adventchers in Wunderland, *Alice* in Scouse, 2015

Alice's Adventirs in Wonderlaand, *Alice* in Shetland Scots, 2012

Alice muNyika yeMashiripiti, *Alice* in Shona, 2015

Ailice's Àventurs in Wunnerland,
Alice in Southeast Central Scots, 2011

Alices Äventyr i Sagolandet, *Alice* in Swedish, 2010

Ailis's Anterins i the Laun o Ferlies,
Alice in Synthetic Scots, 2013

'Alisi 'i he Fonua 'o e Fakaofo', *Alice* in Tongan, 2014

Alice's Carrànts in Wunnerlan, *Alice* in Ulster Scots, 2013

Der Alice ihre Obmteier im Wunderlaund,
Alice in Viennese German, 2012

Ventürs jiela Lälid in Stunalän, *Alice* in Volapük, 2015

Lès-avirètes da Alice ô payis dès mèrvèyes,
Alice in Walloon, 2012

Anturiaethau Alys yng Ngwlad Hud, *Alice* in Welsh, 2010

I Avventur de Alis ind el Paes di Meravili,
Alice in Western Lombard, 2015

Alison's Jants in Ferlieland, *Alice* in West-Central Scots, 2014

Di Avantures fun Alis in Vunderland, *Alice* in Yiddish, 2015

Insumansumane Zika-Alice, *Alice* in Zimbabwean Ndebele, 2015

U-Alice Ezweni Lezimanga, *Alice* in Zulu, 2014

Lightning Source UK Ltd.
Milton Keynes UK
UKOW04f0657300715

256076UK00001B/85/P